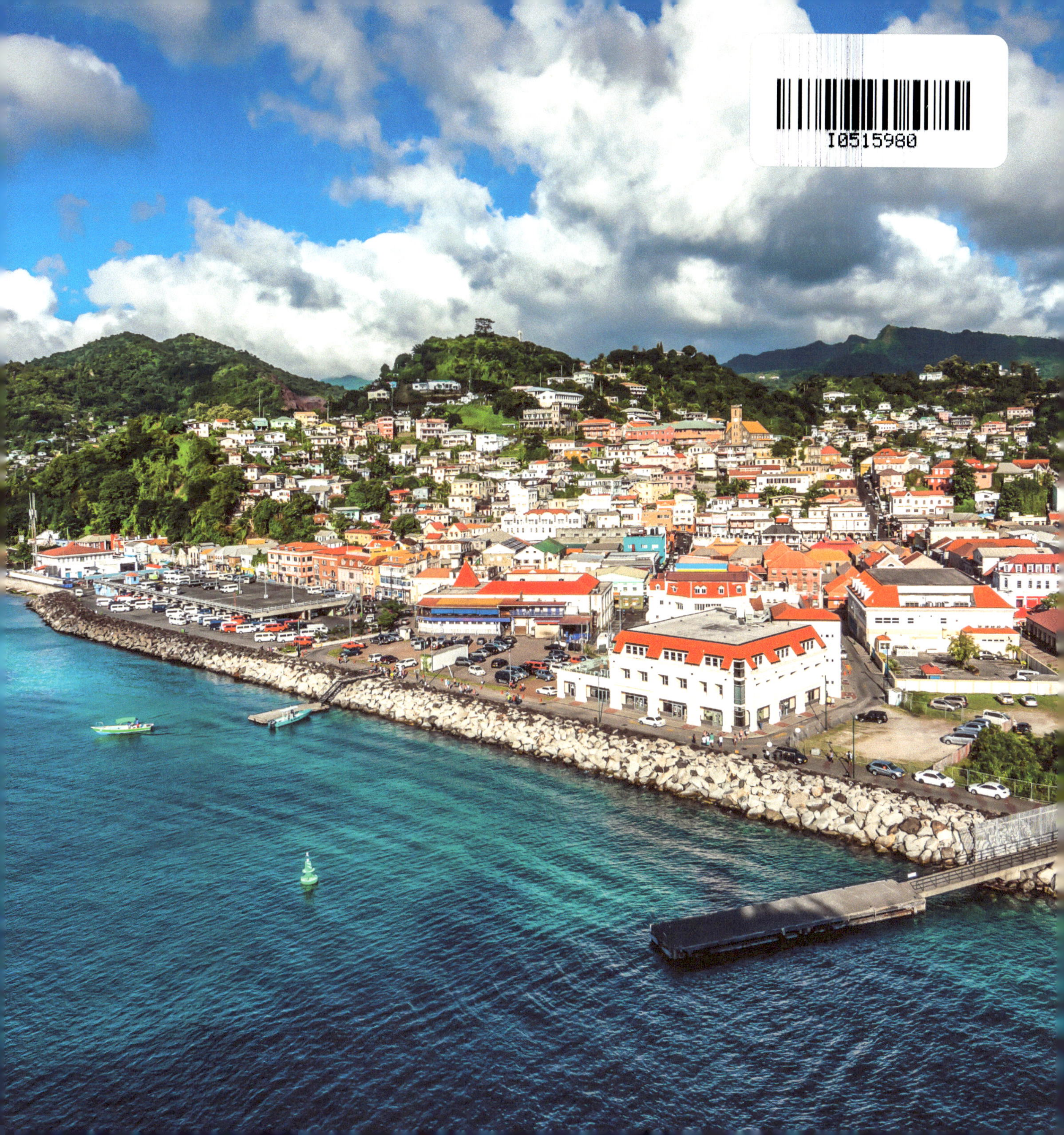

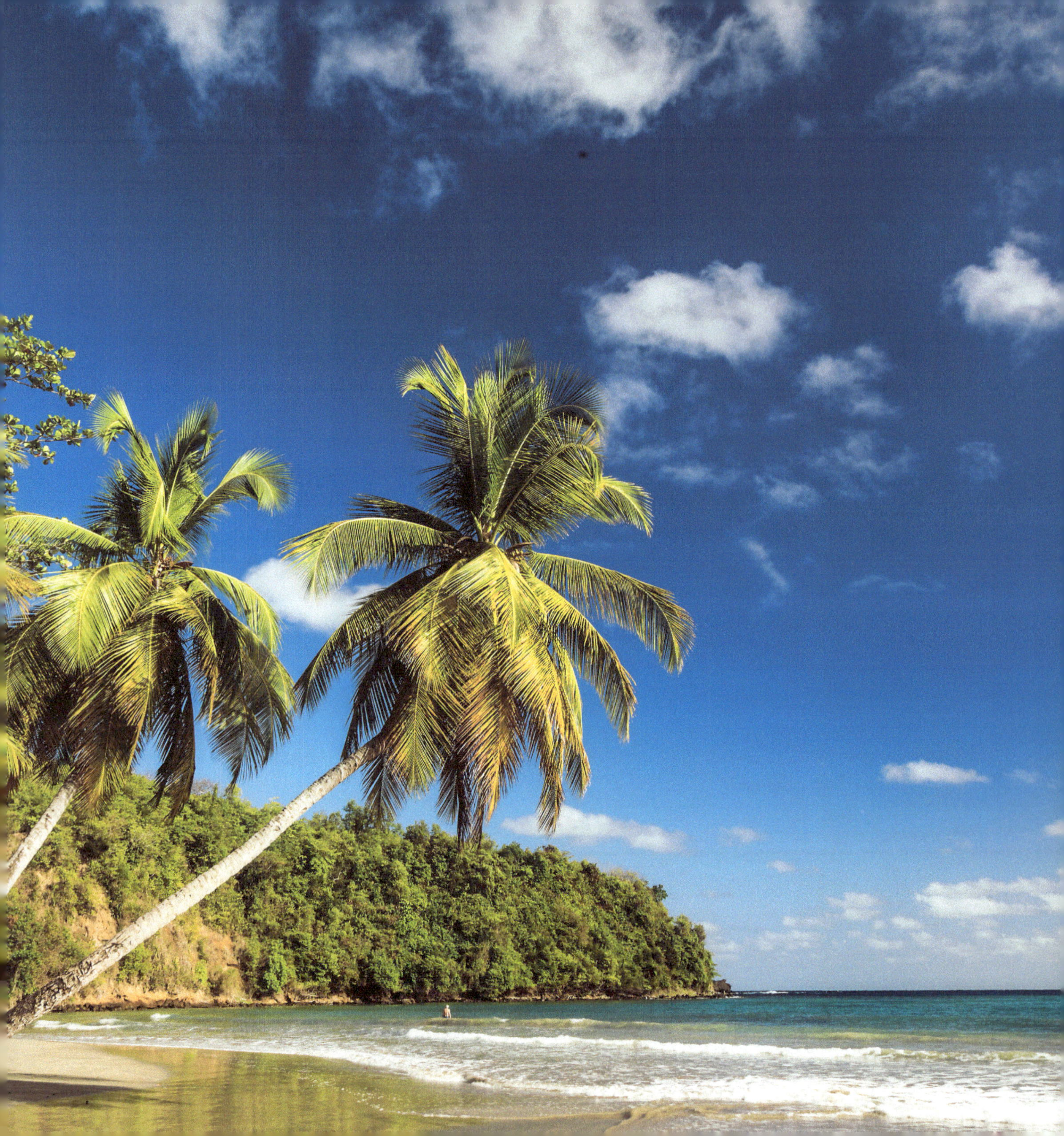

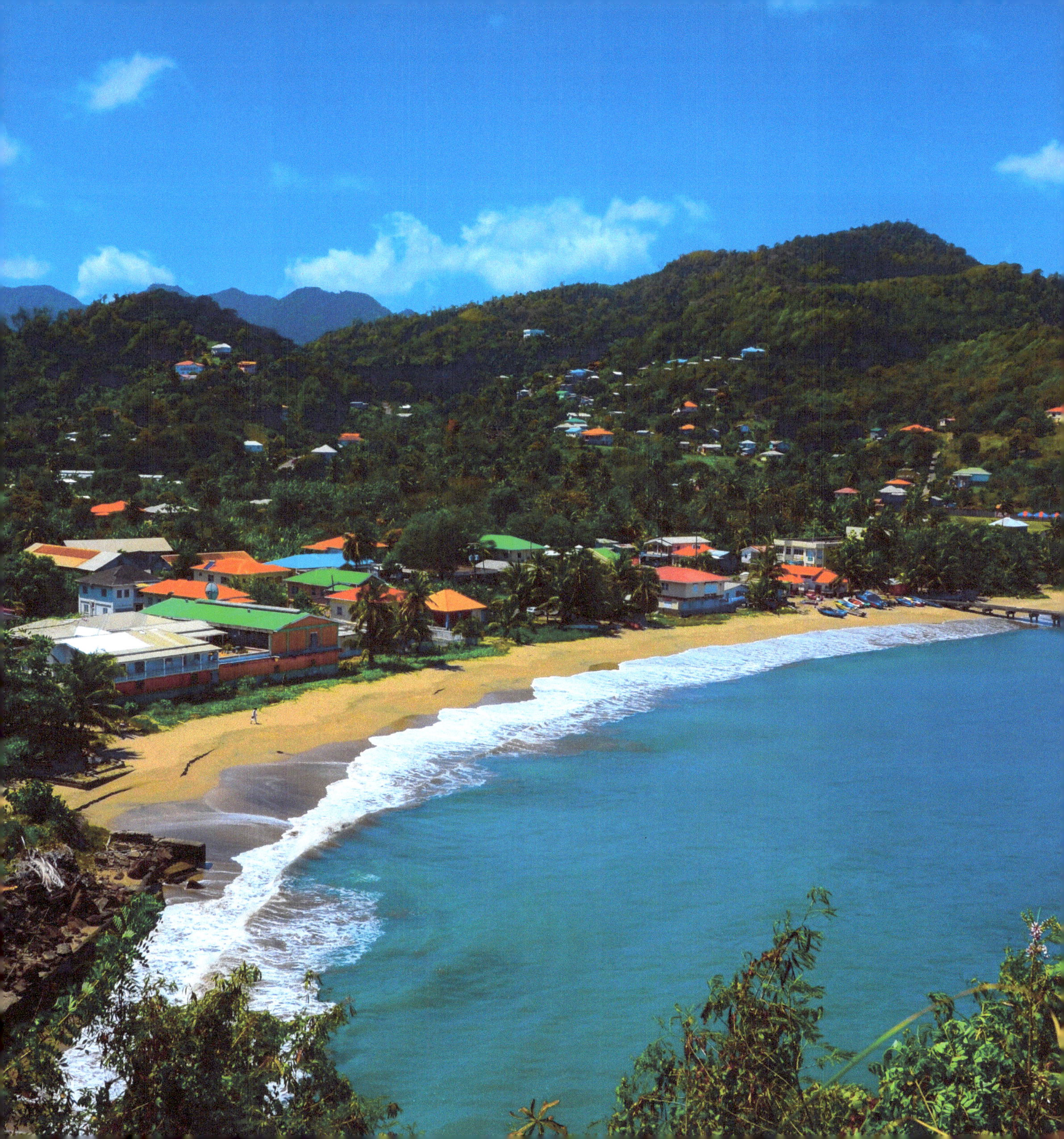

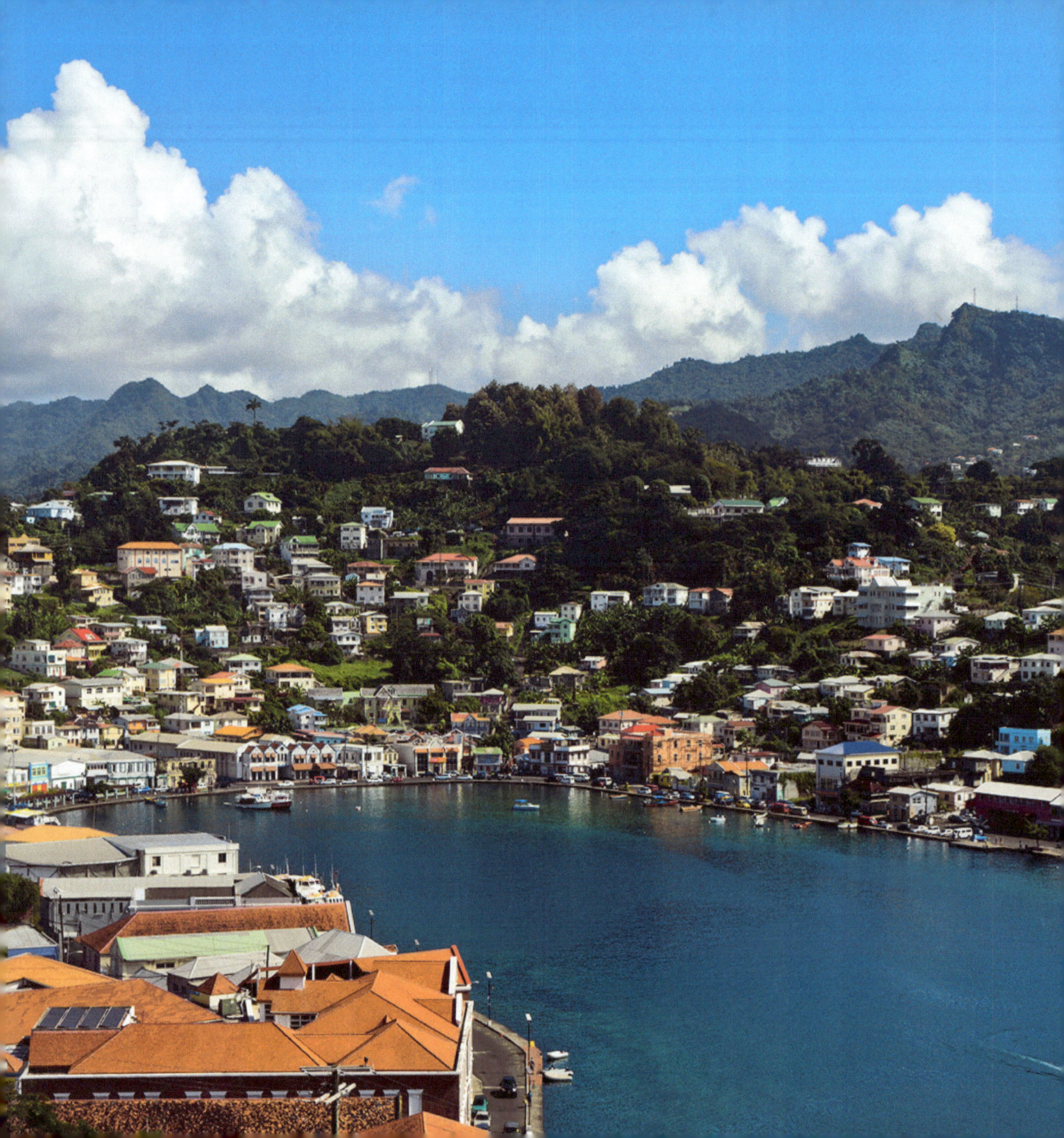

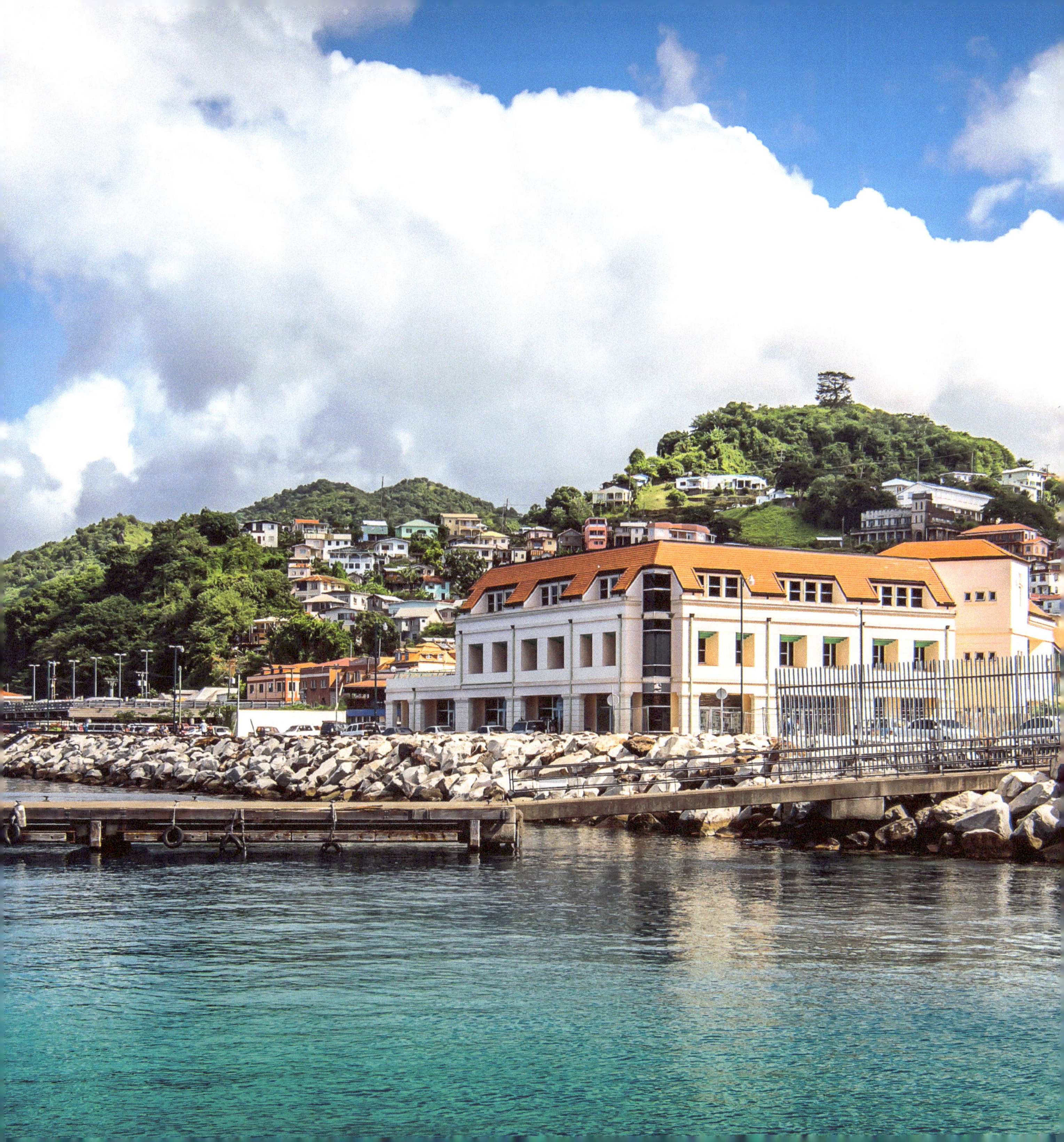

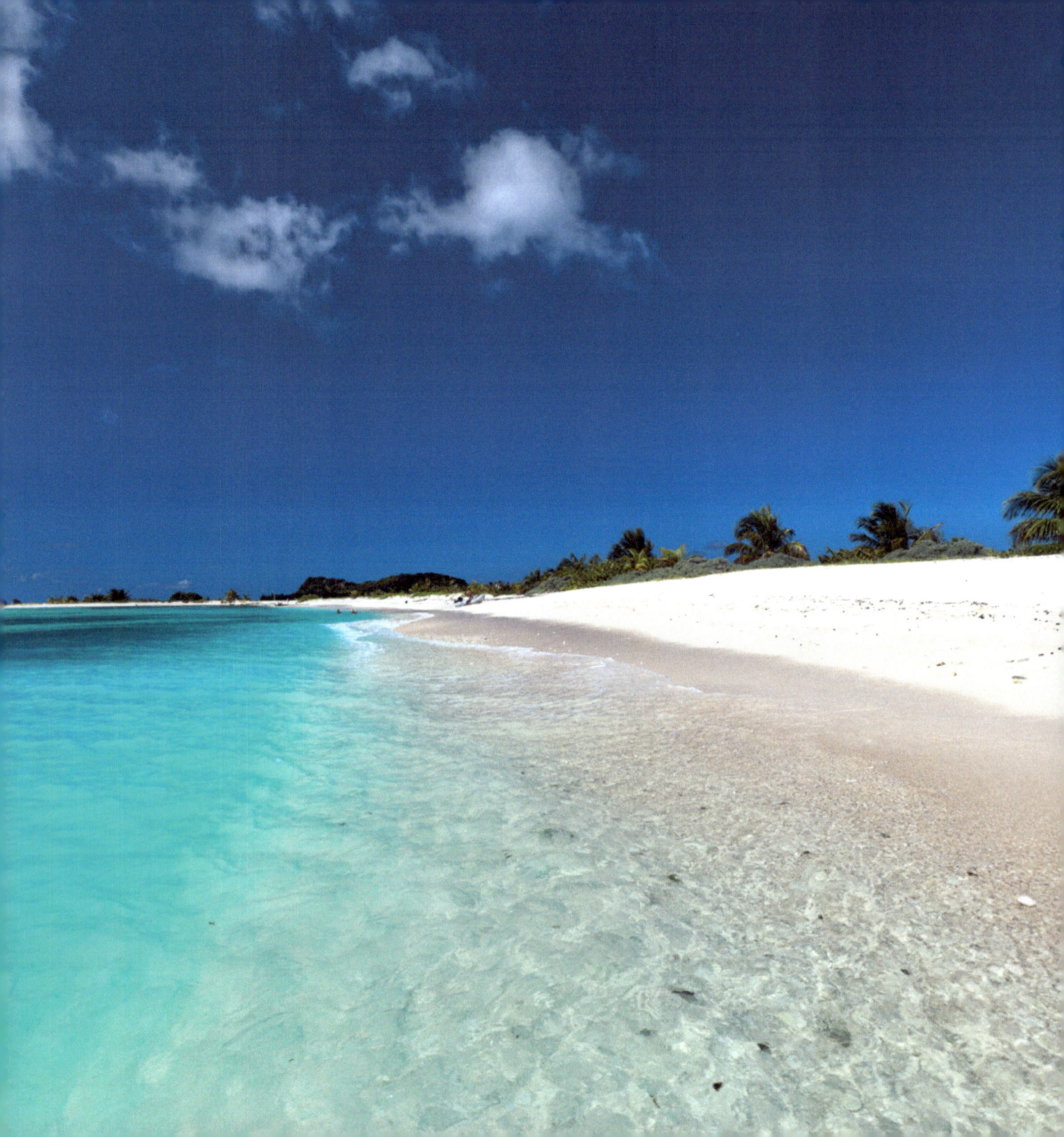

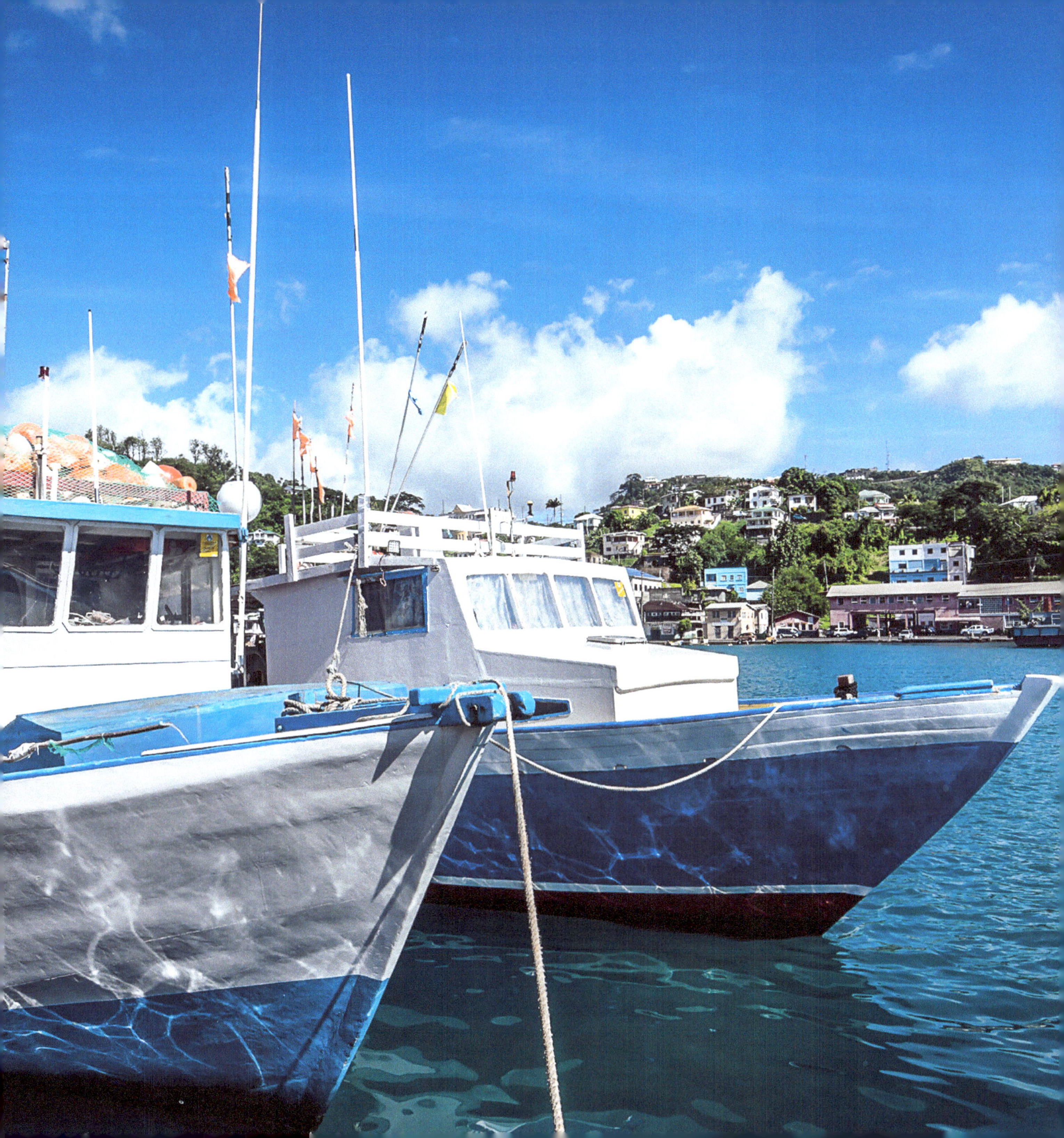

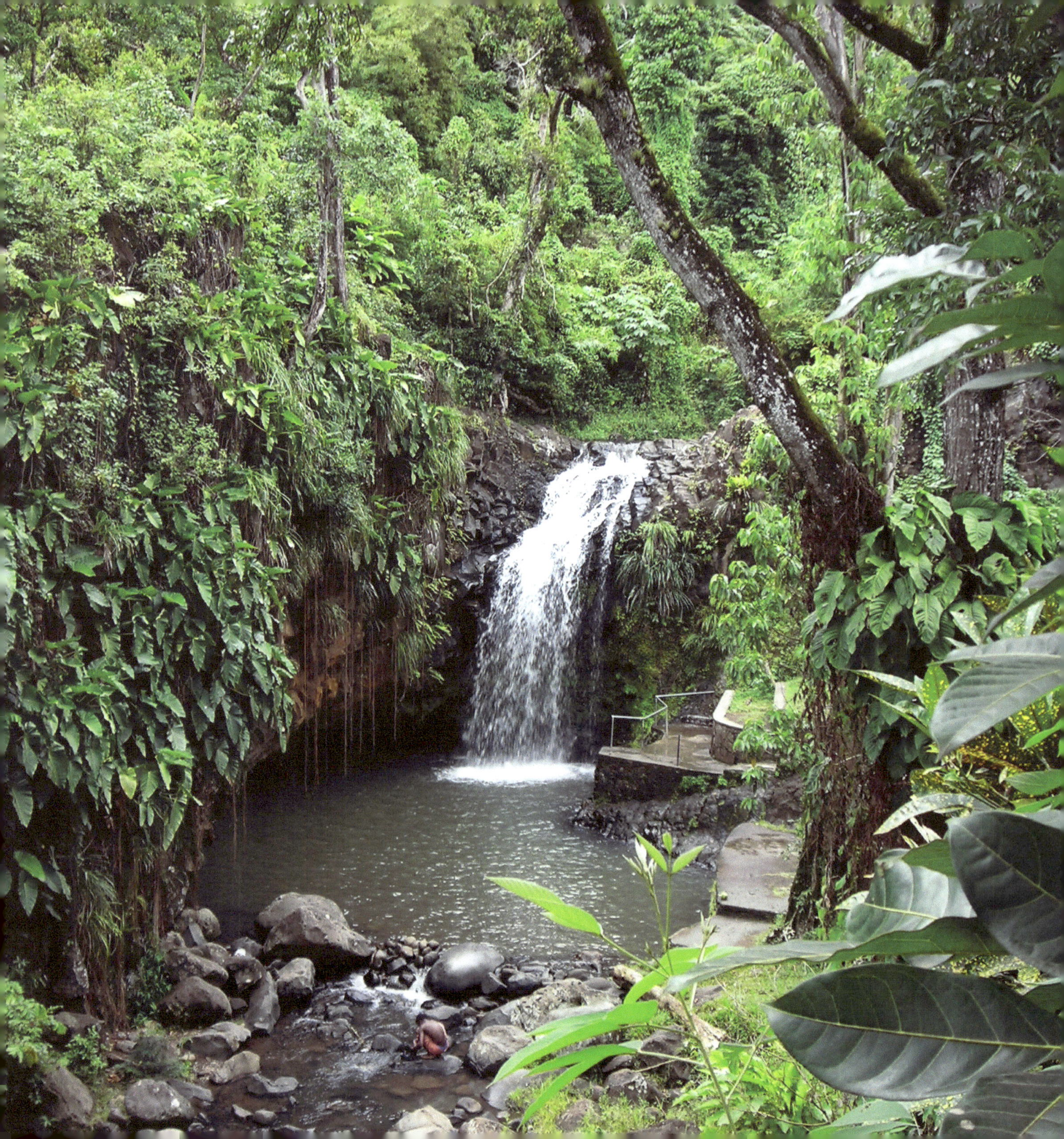

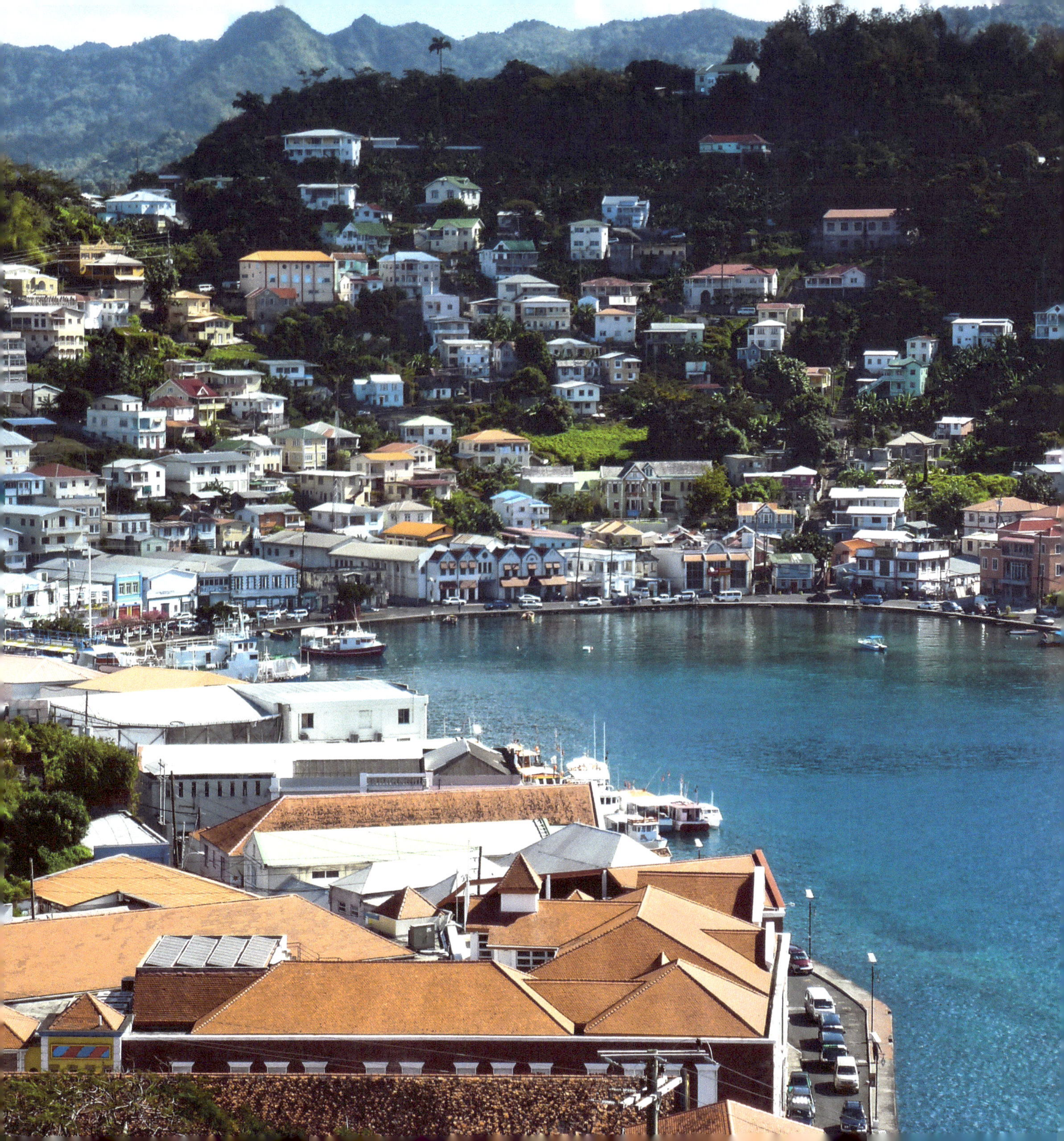

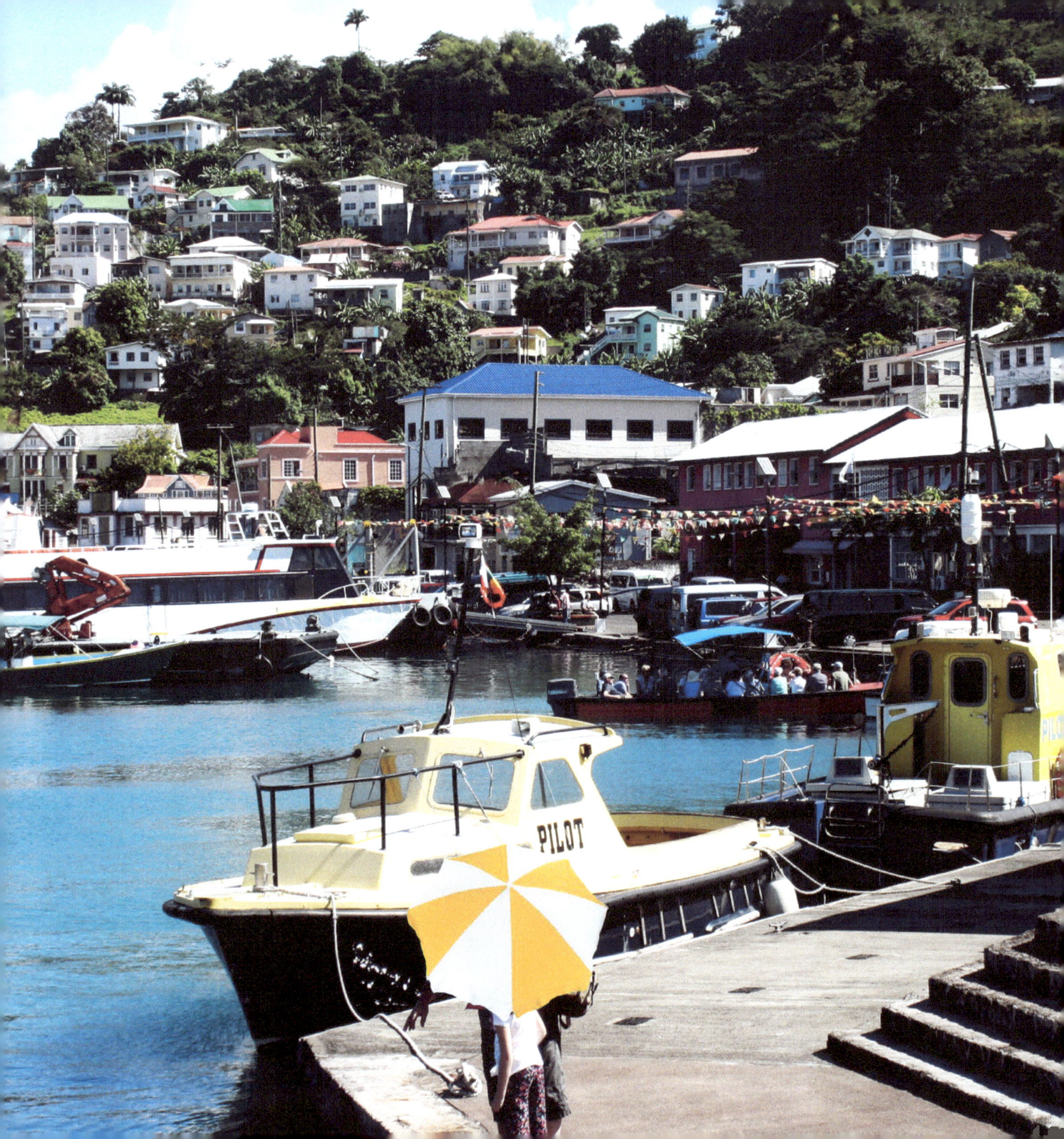
PILOT

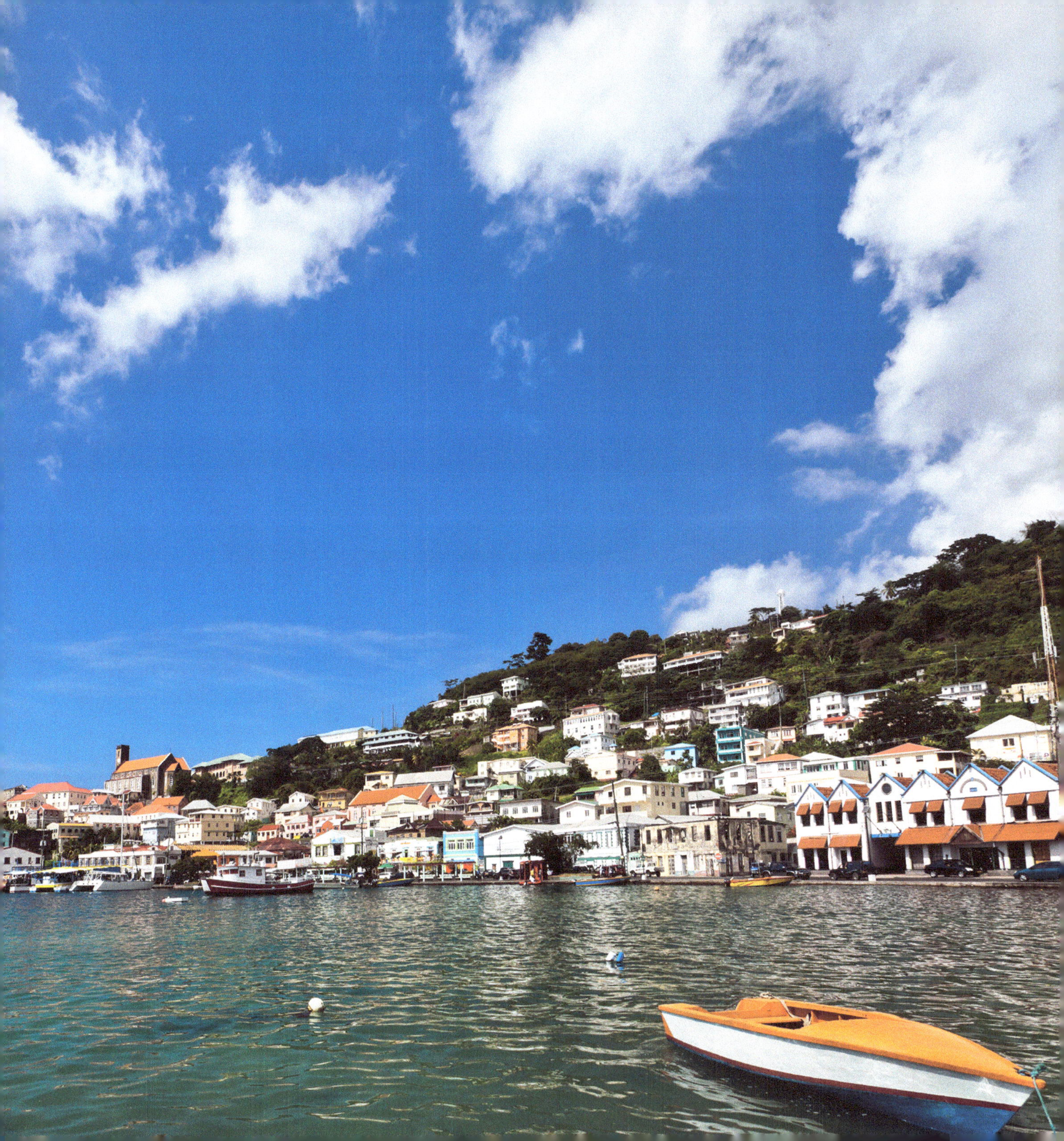

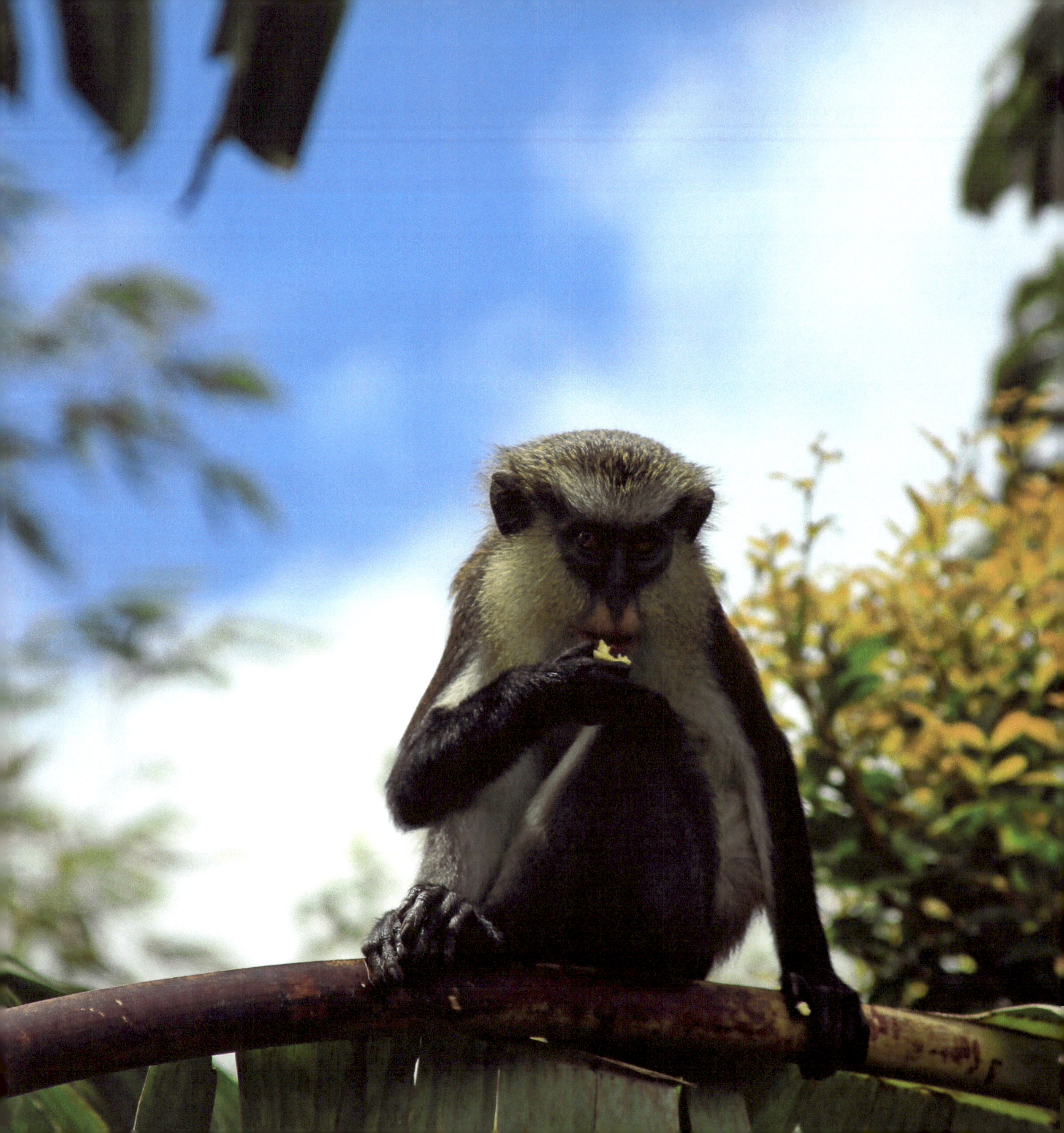

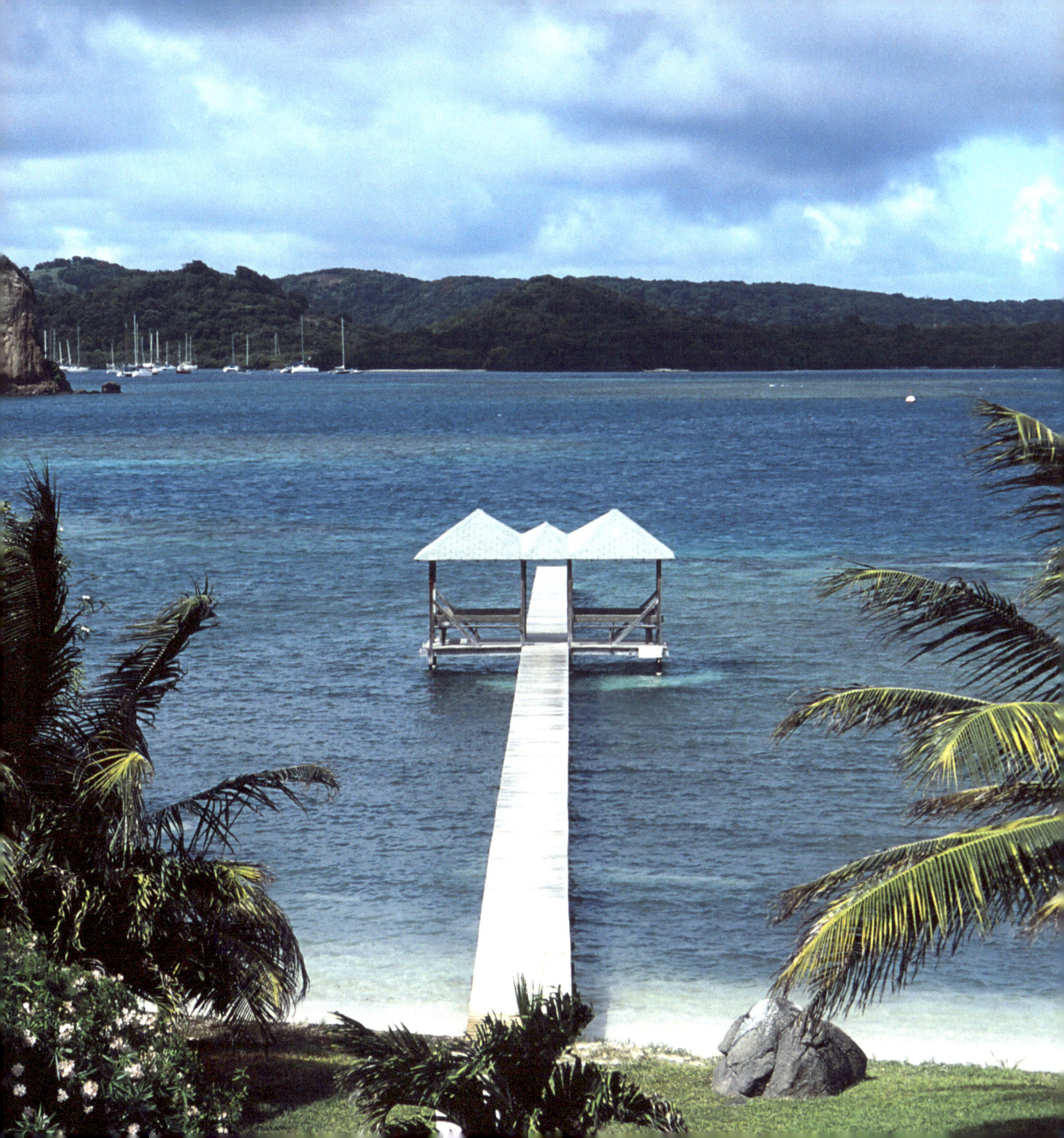

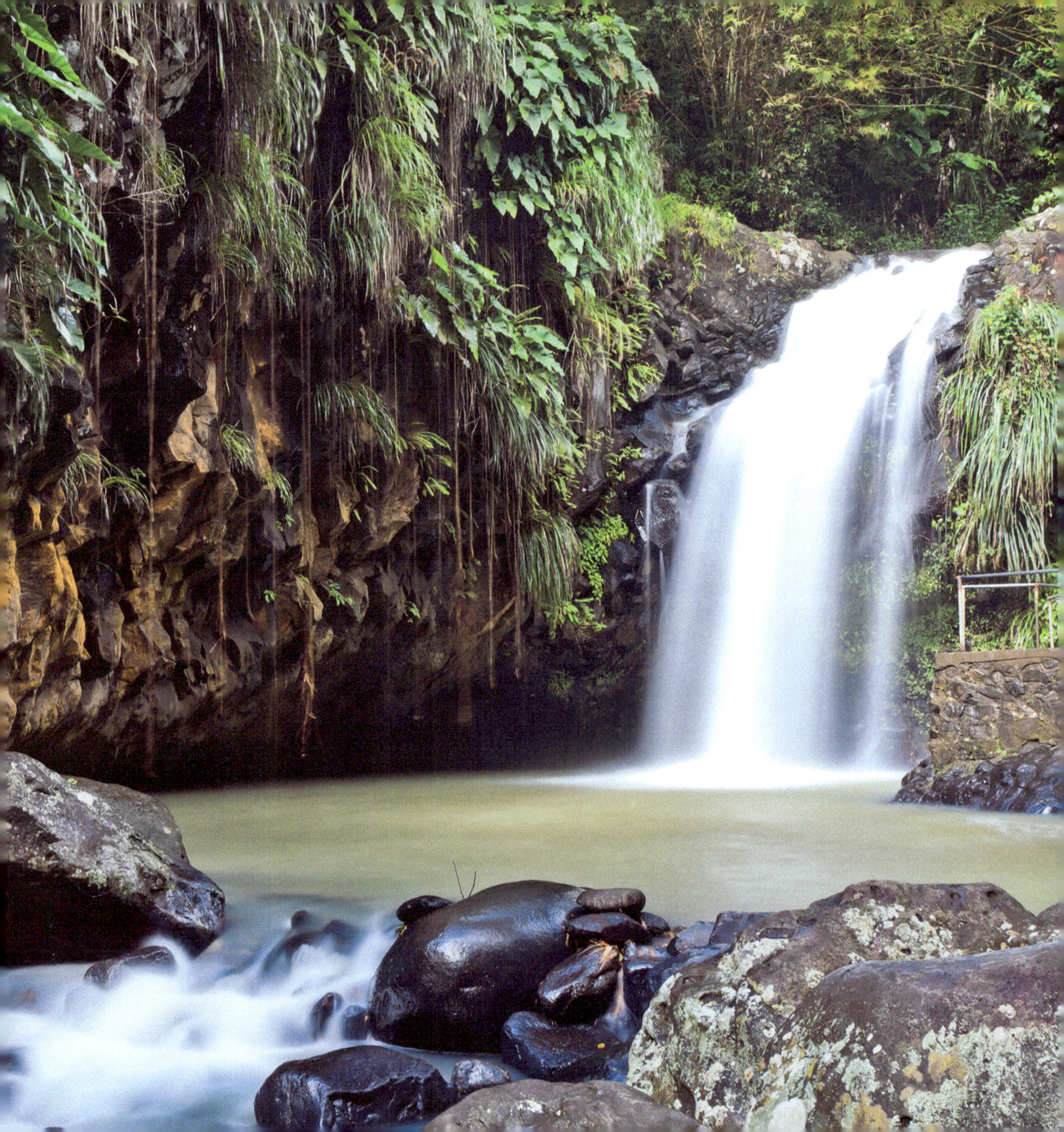

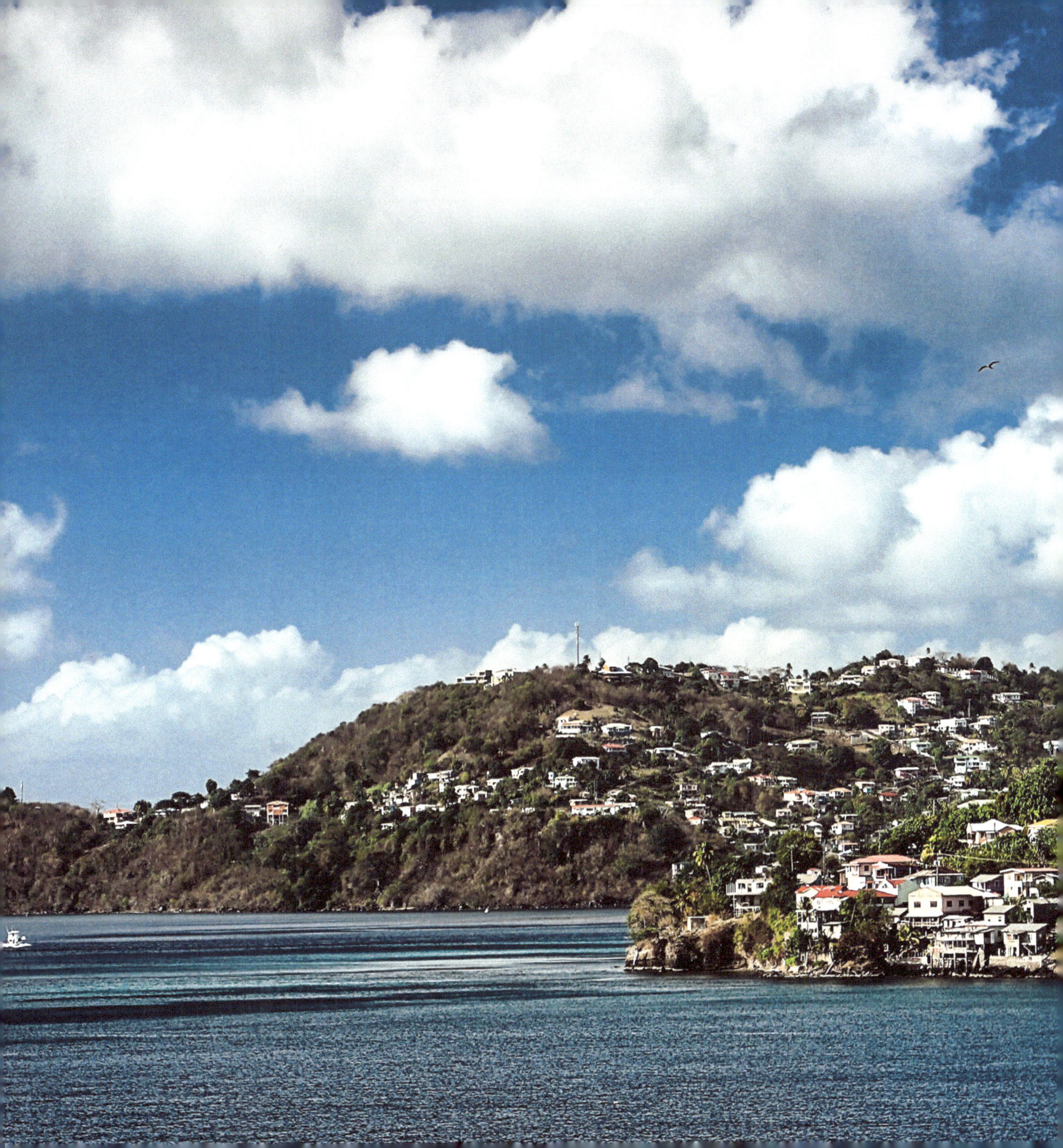

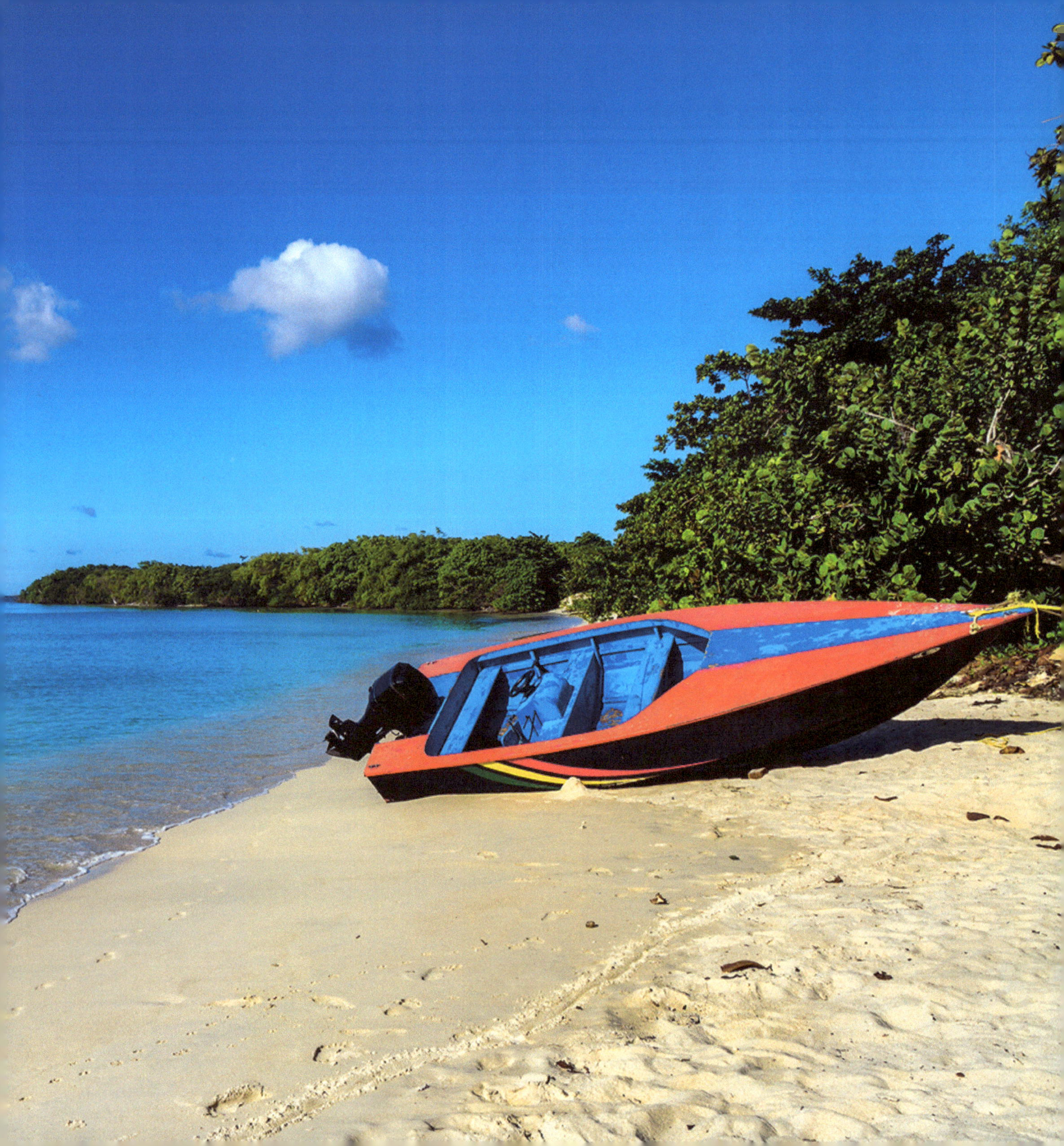

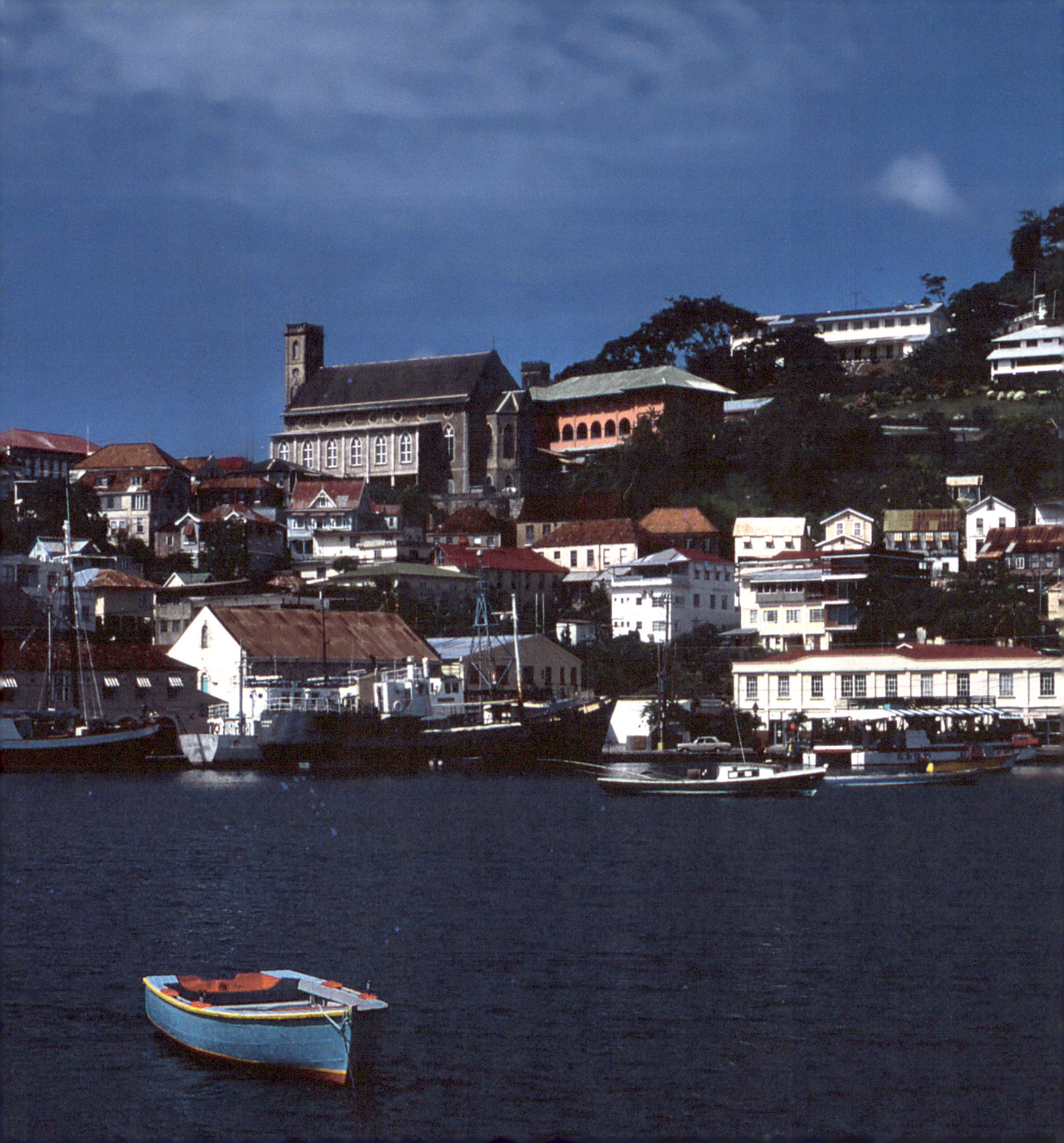

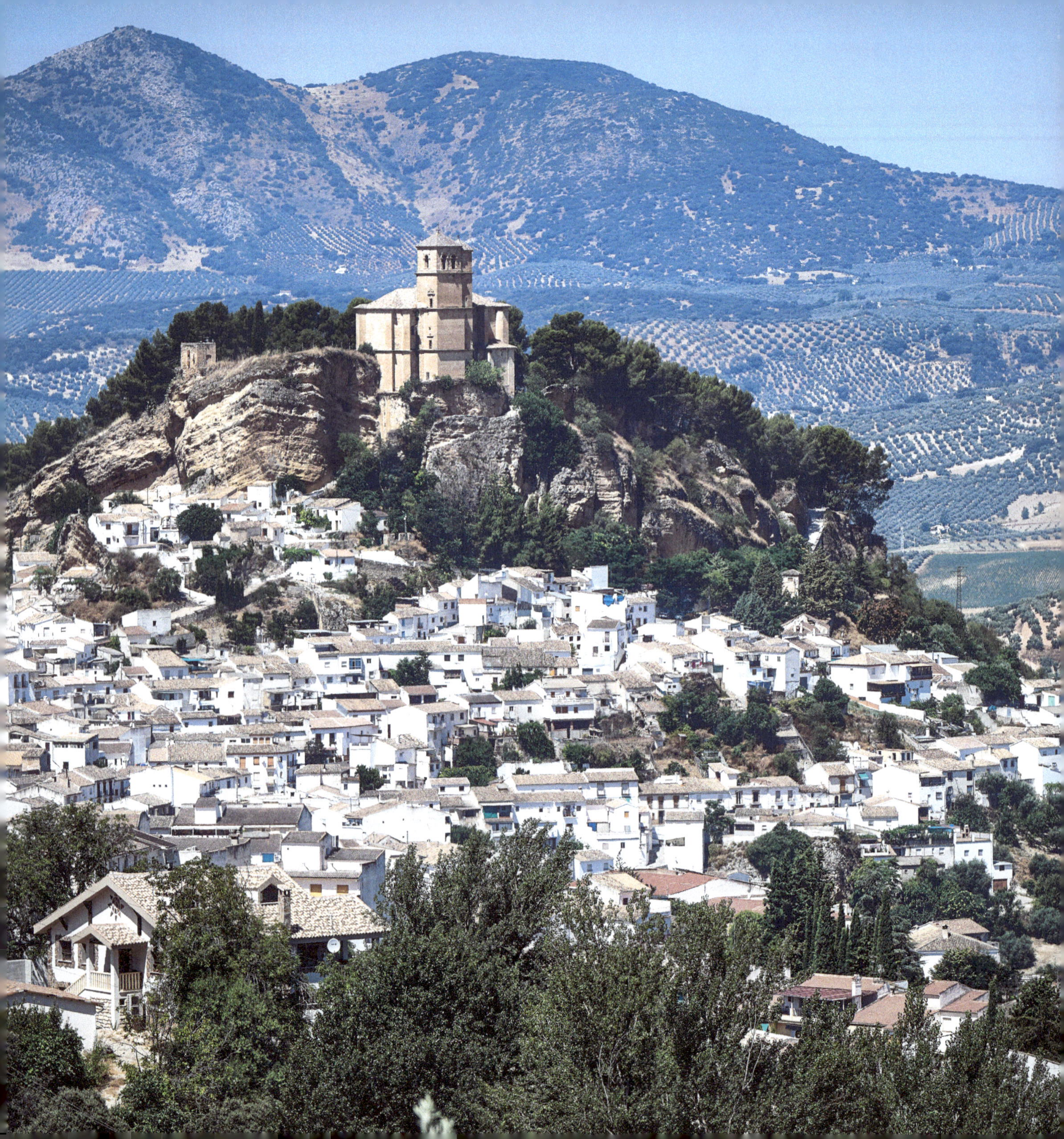

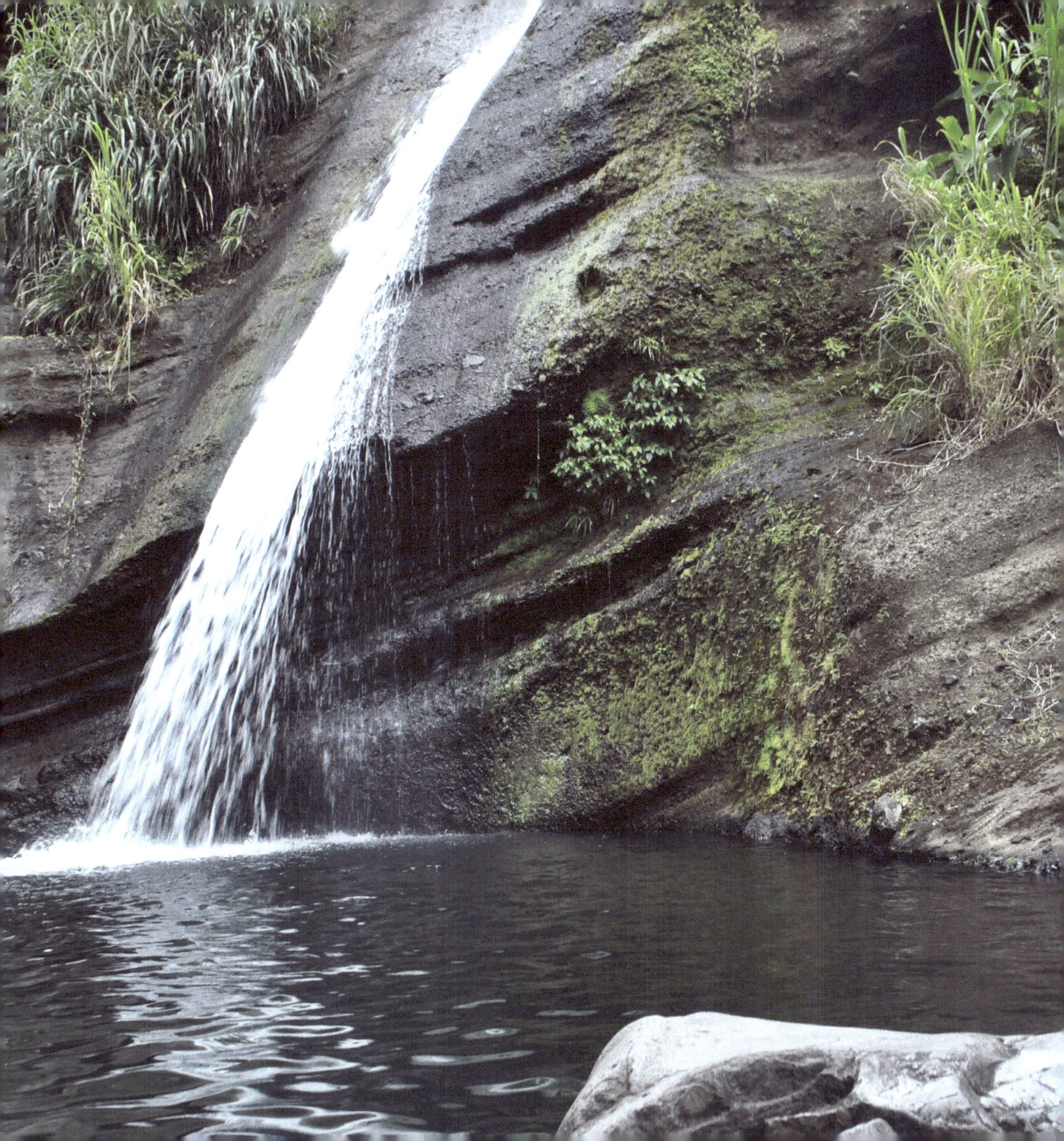

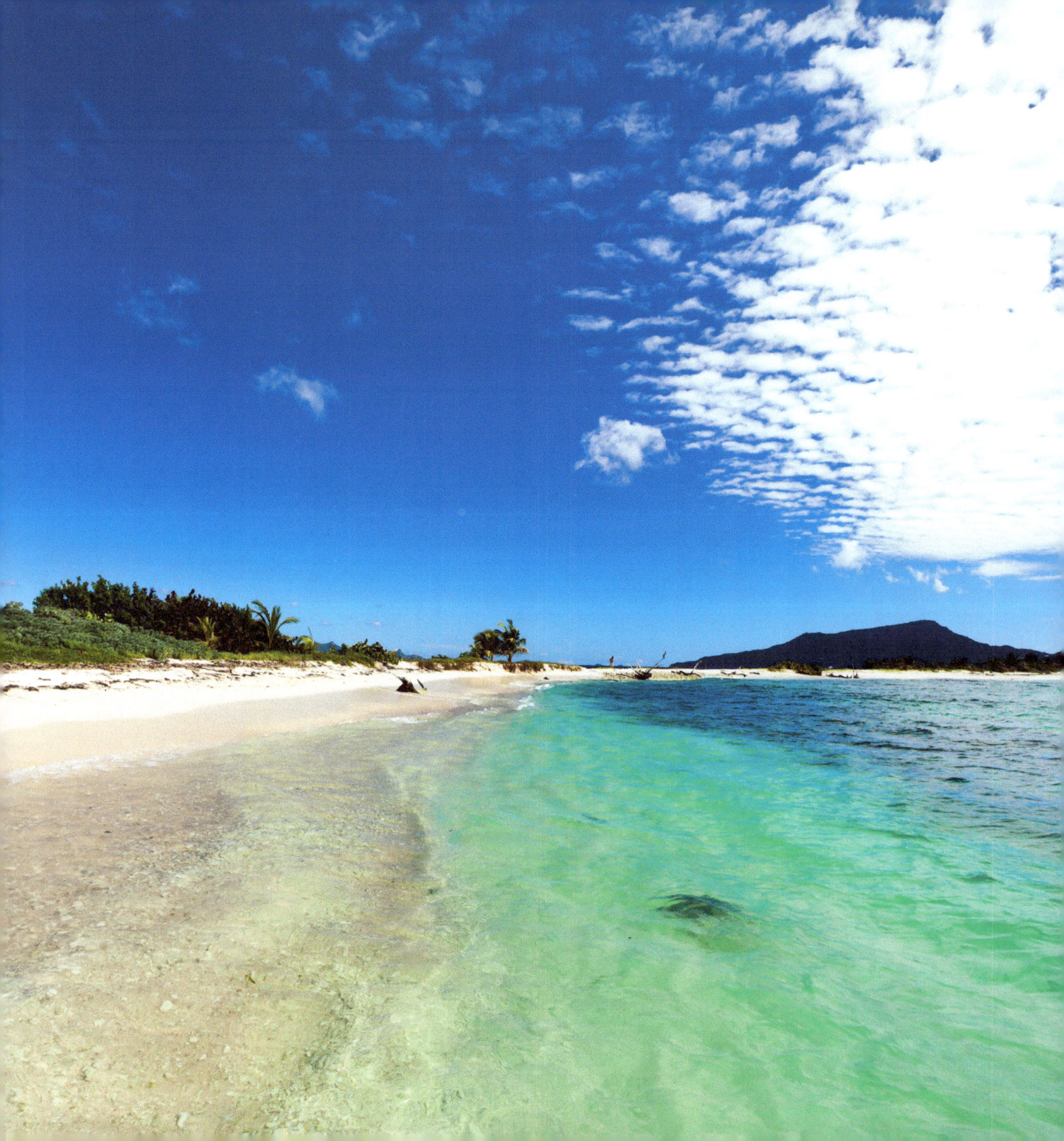

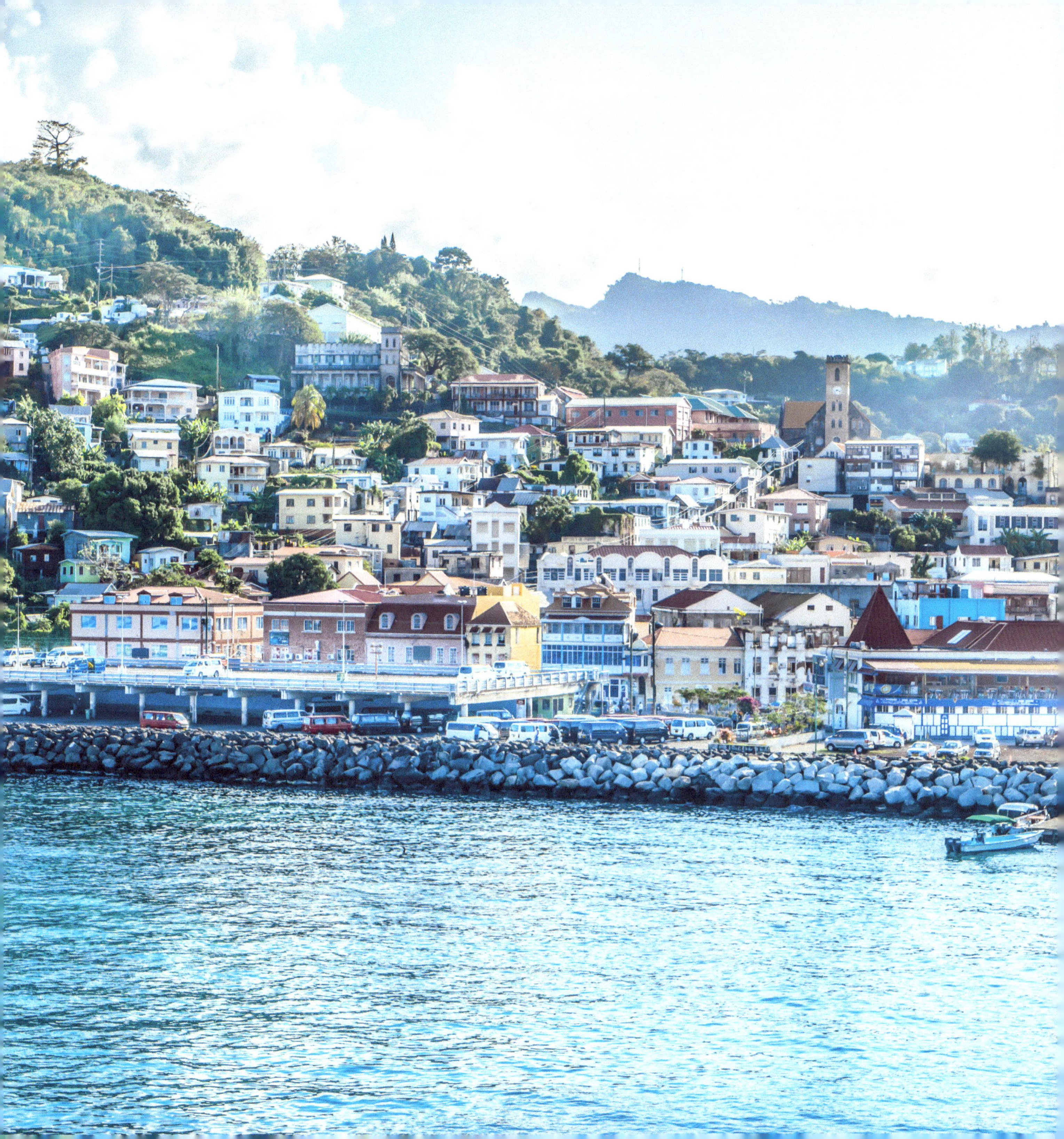

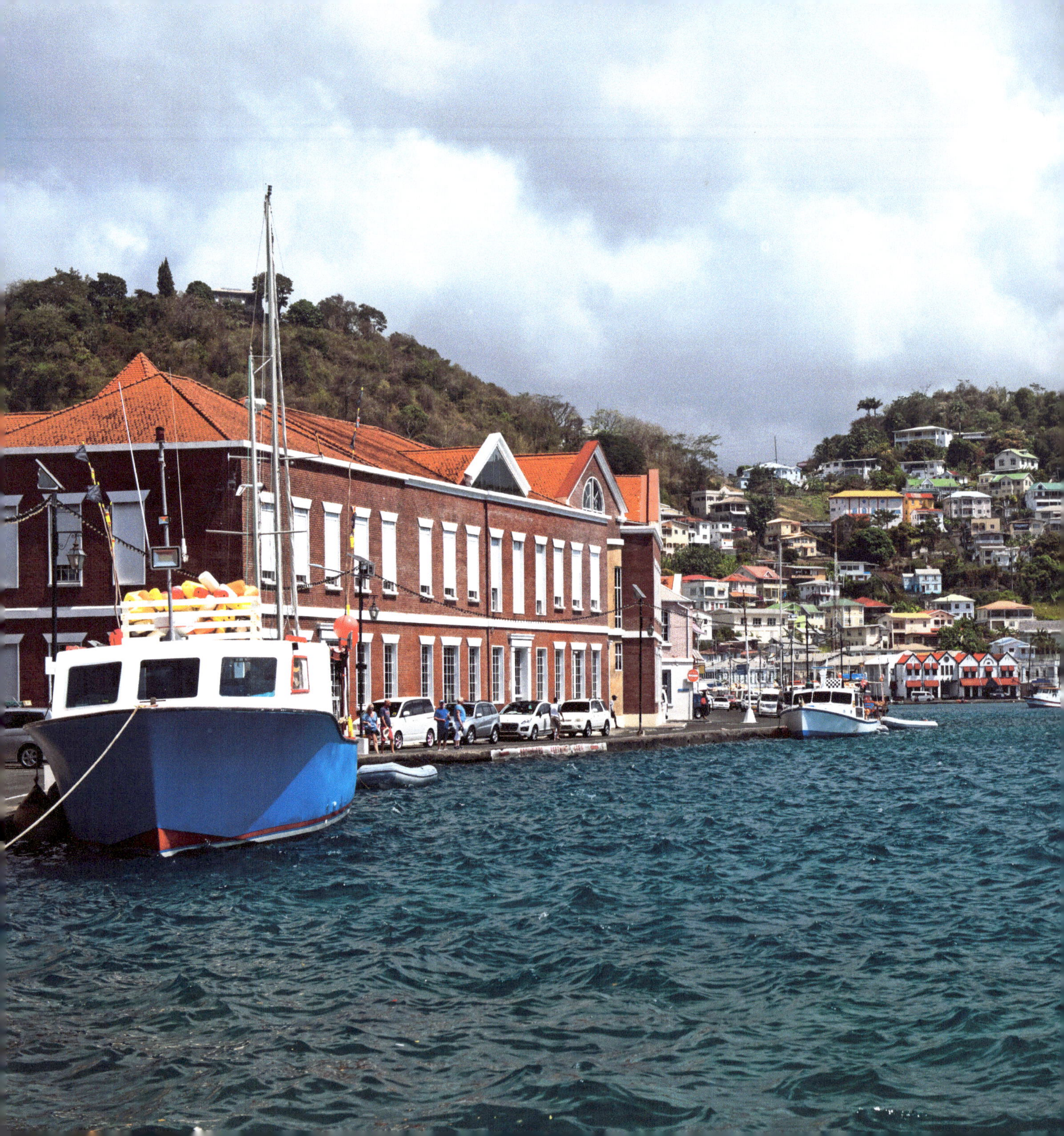

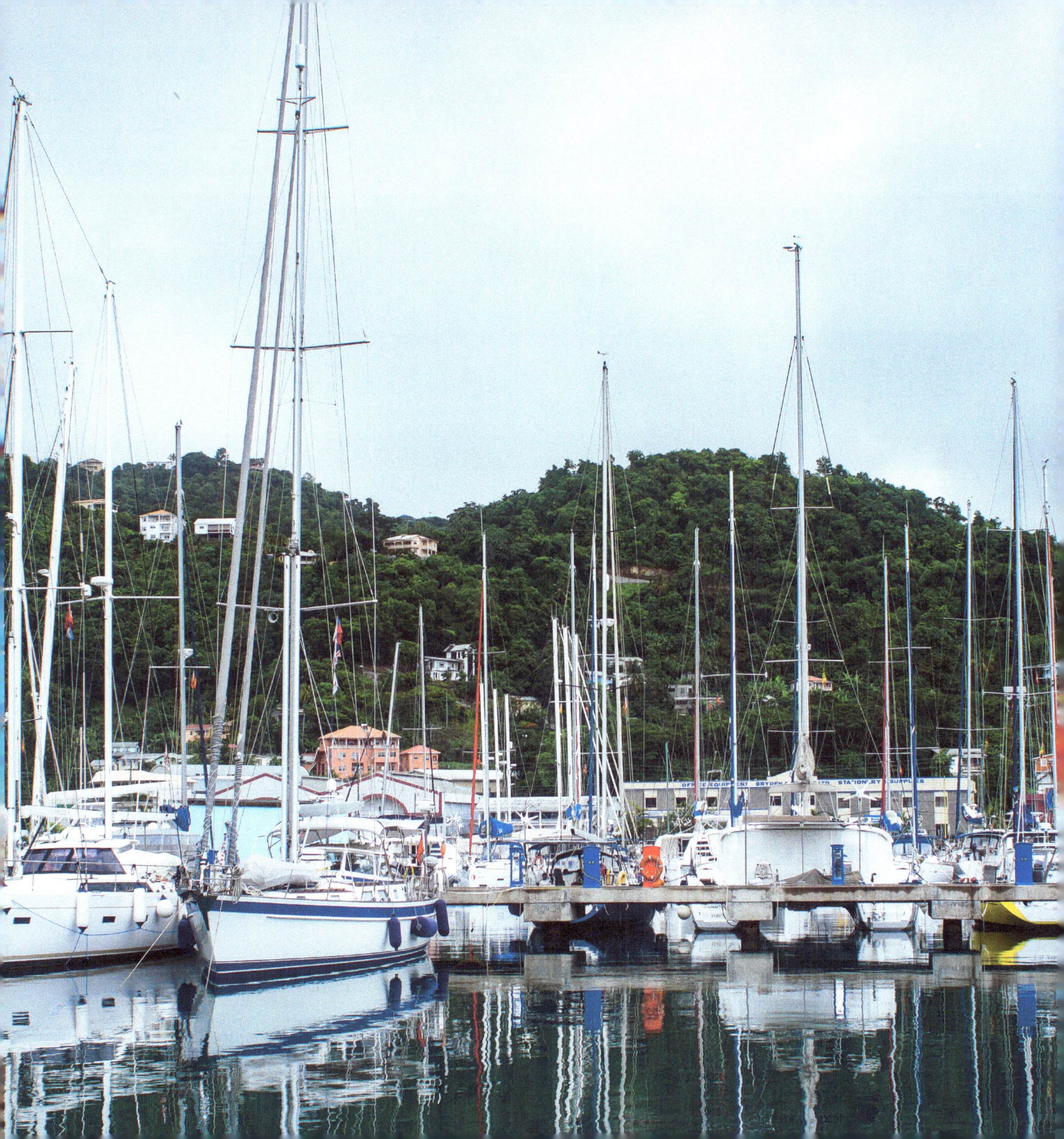

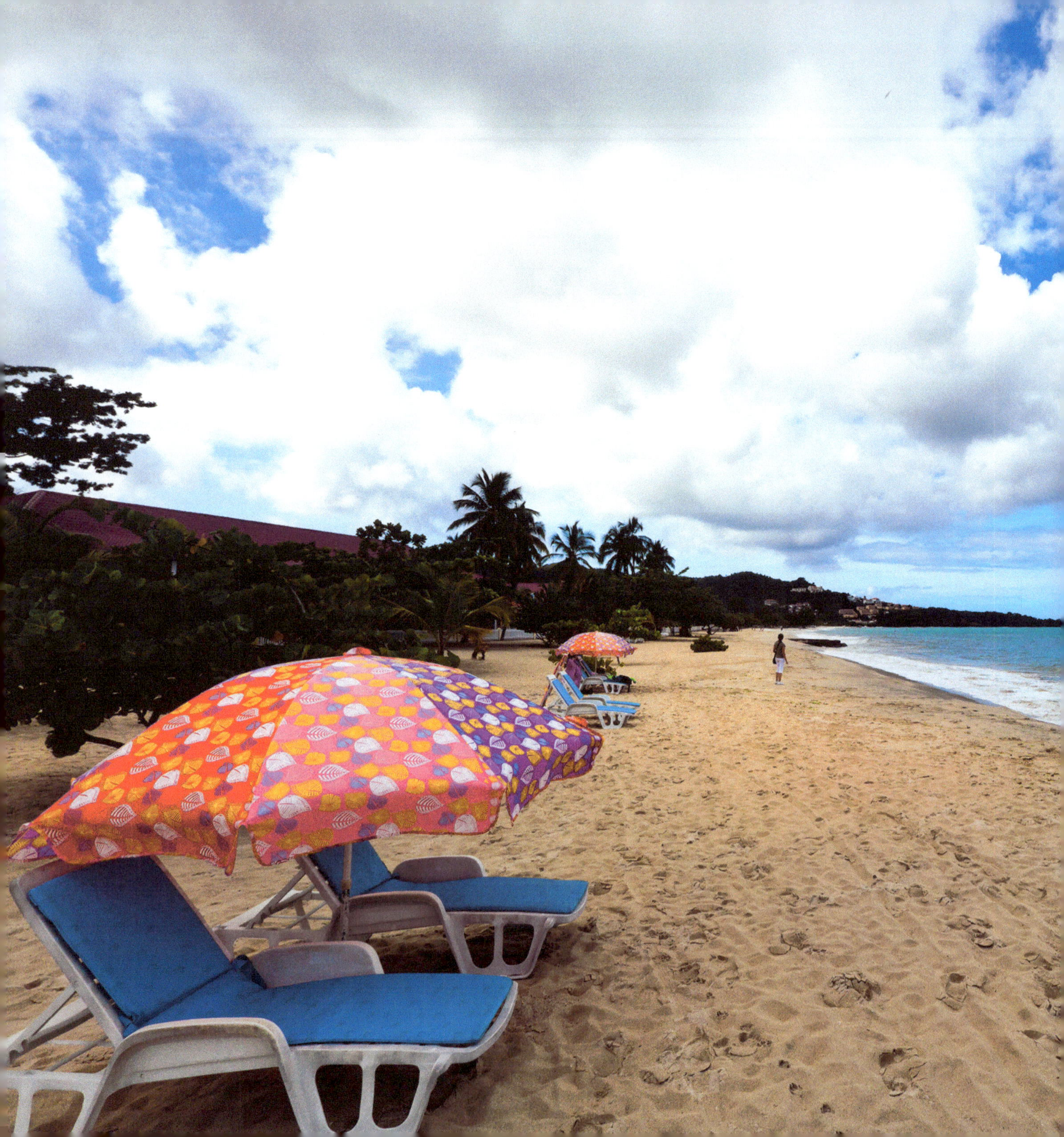

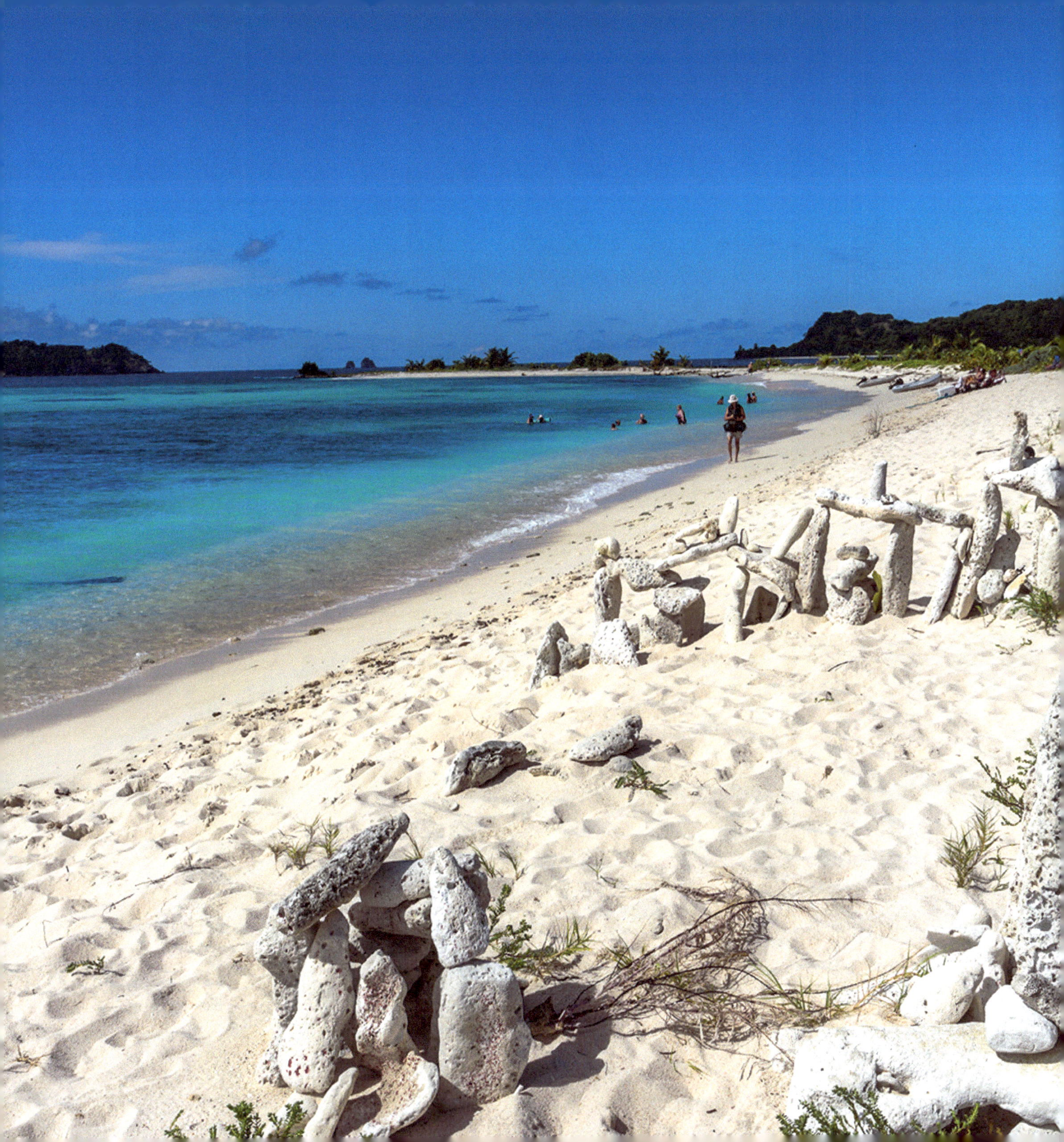

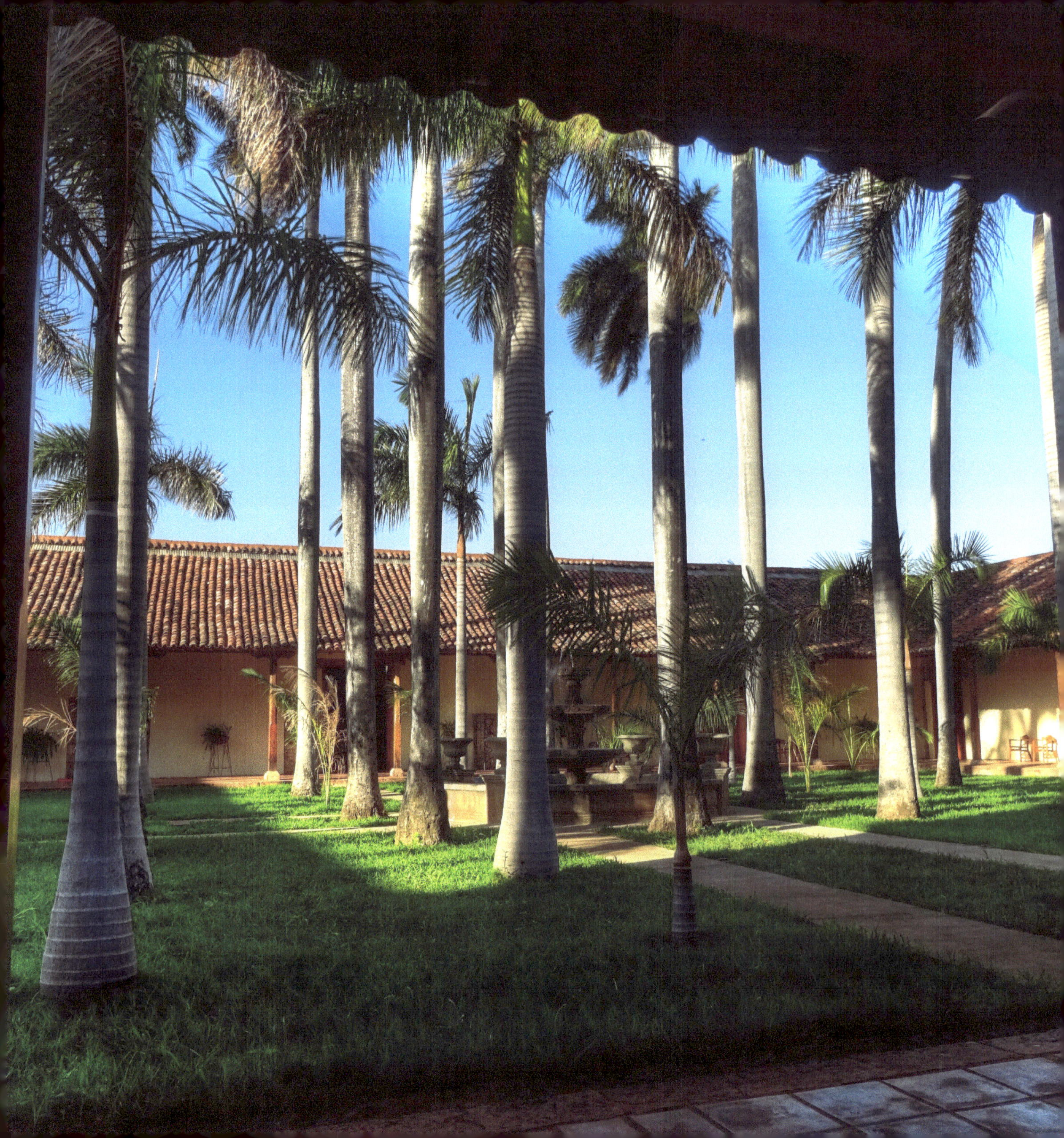

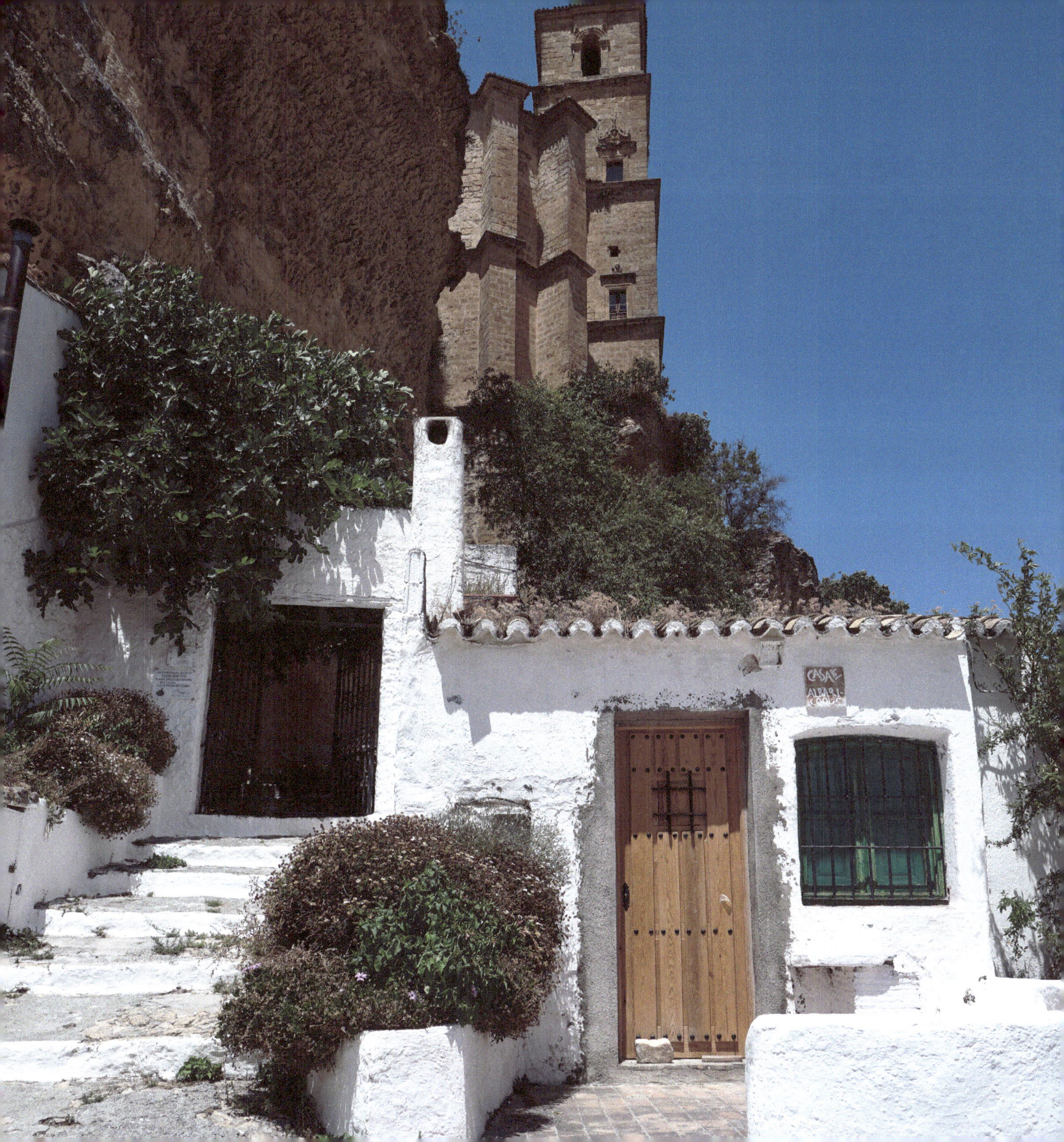
CASA
ALBARI-

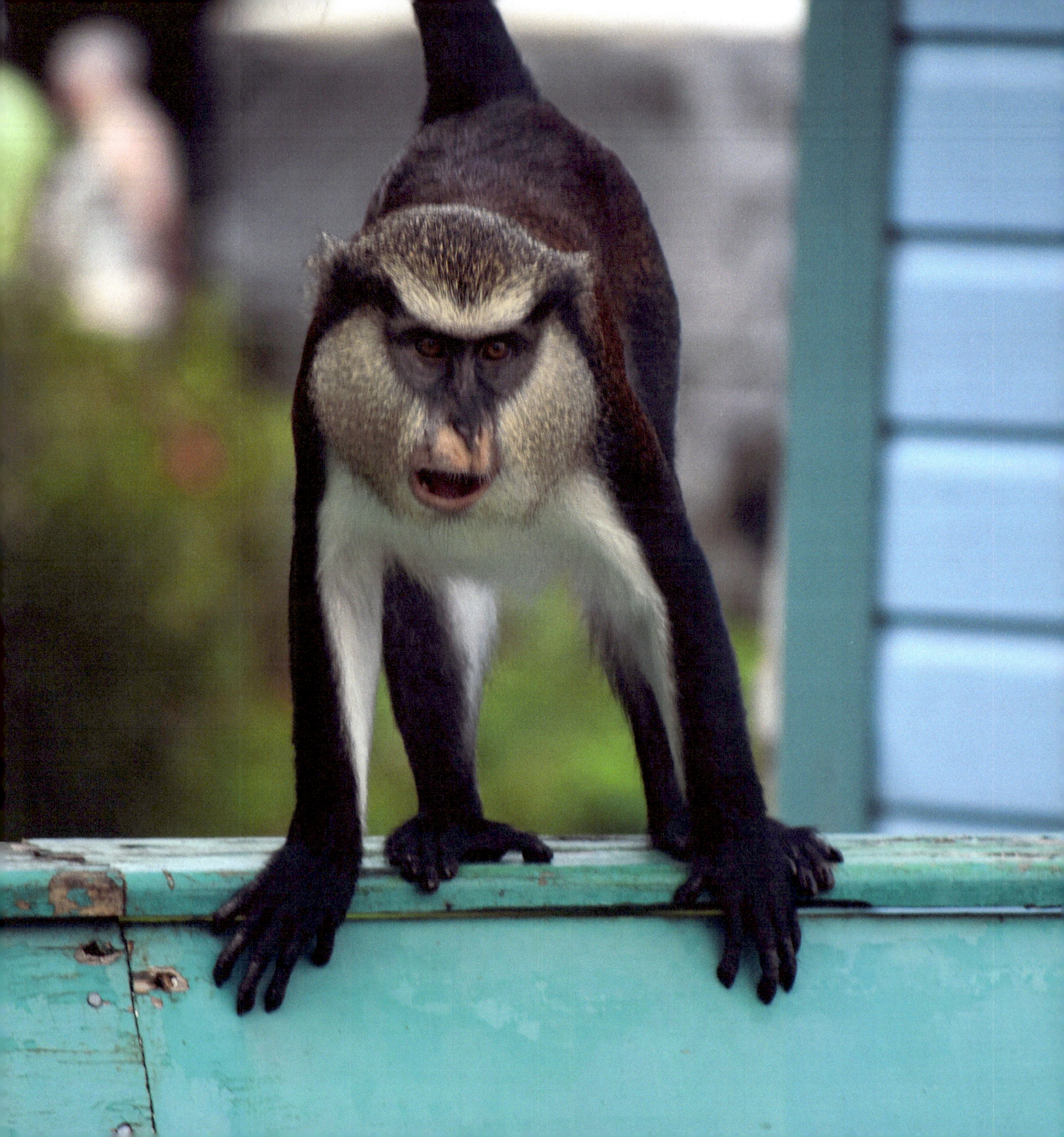

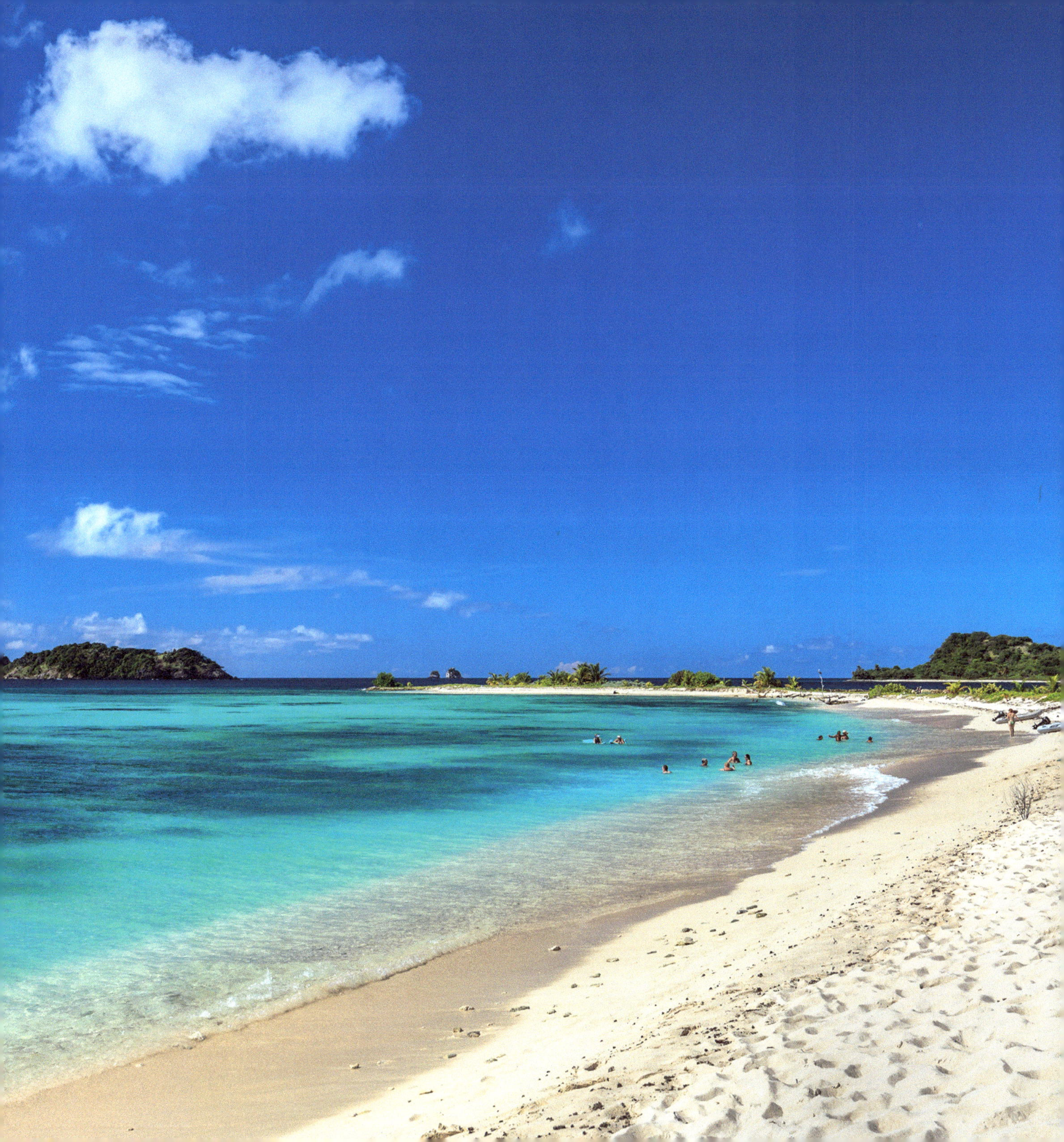

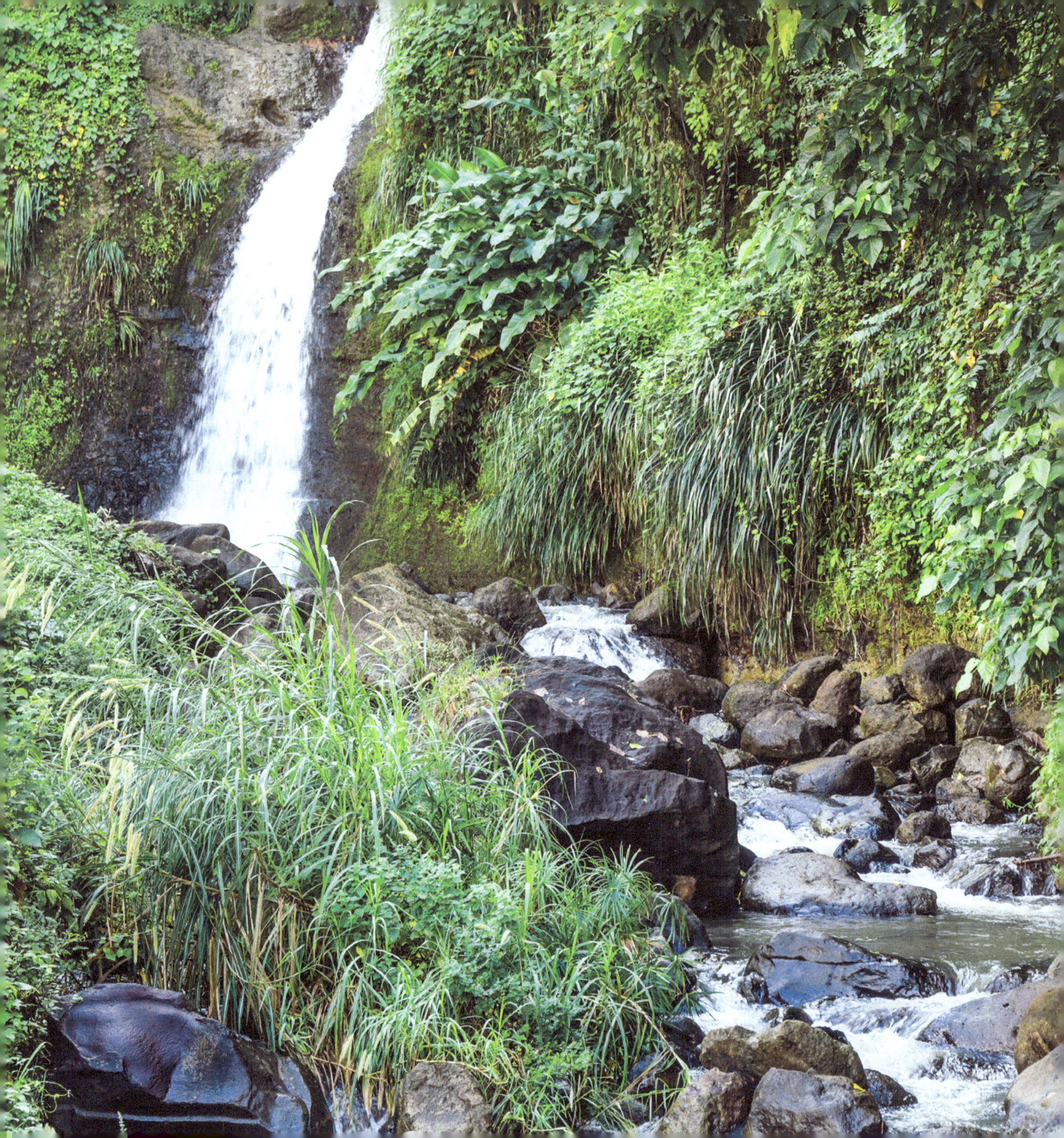

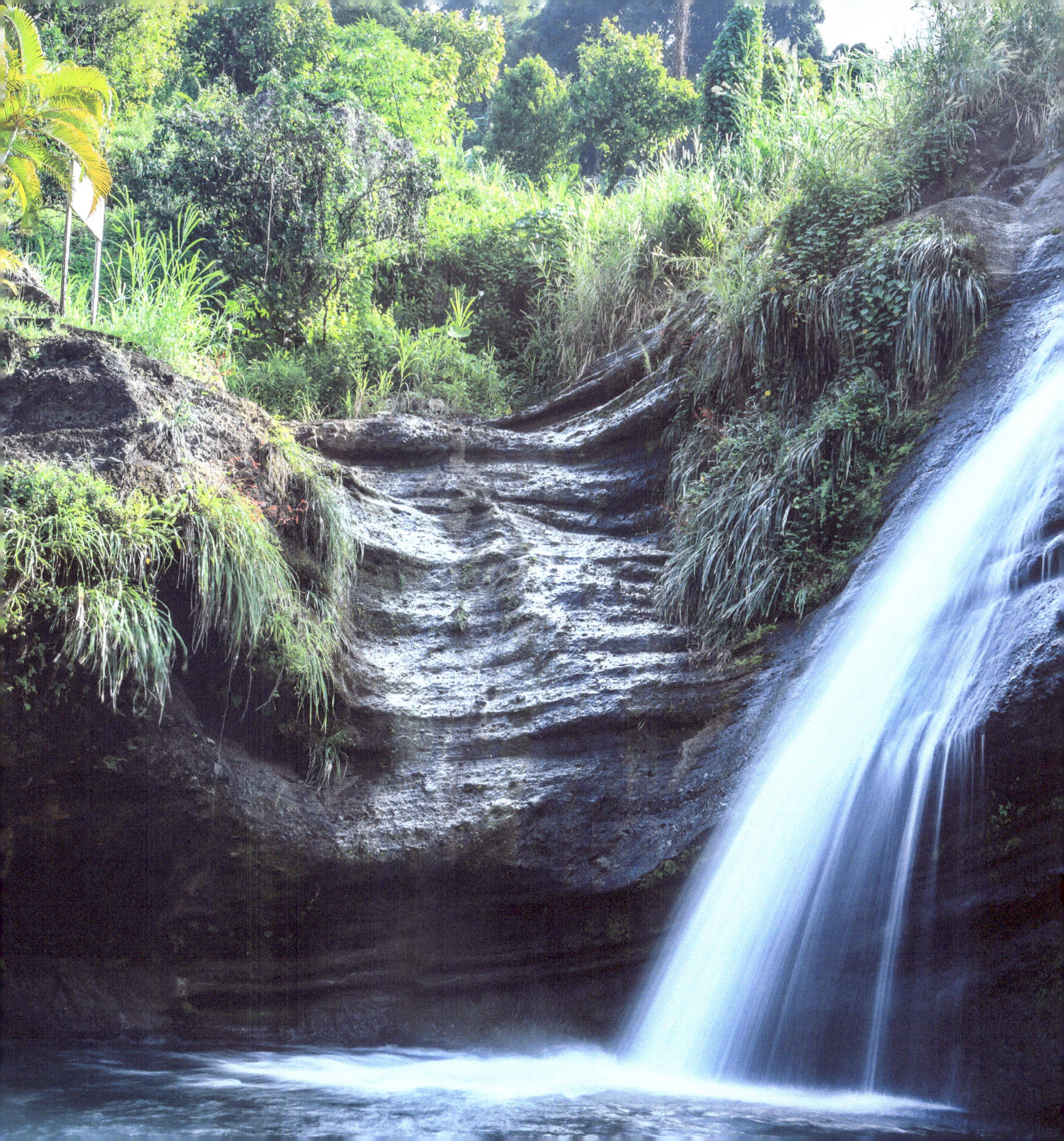

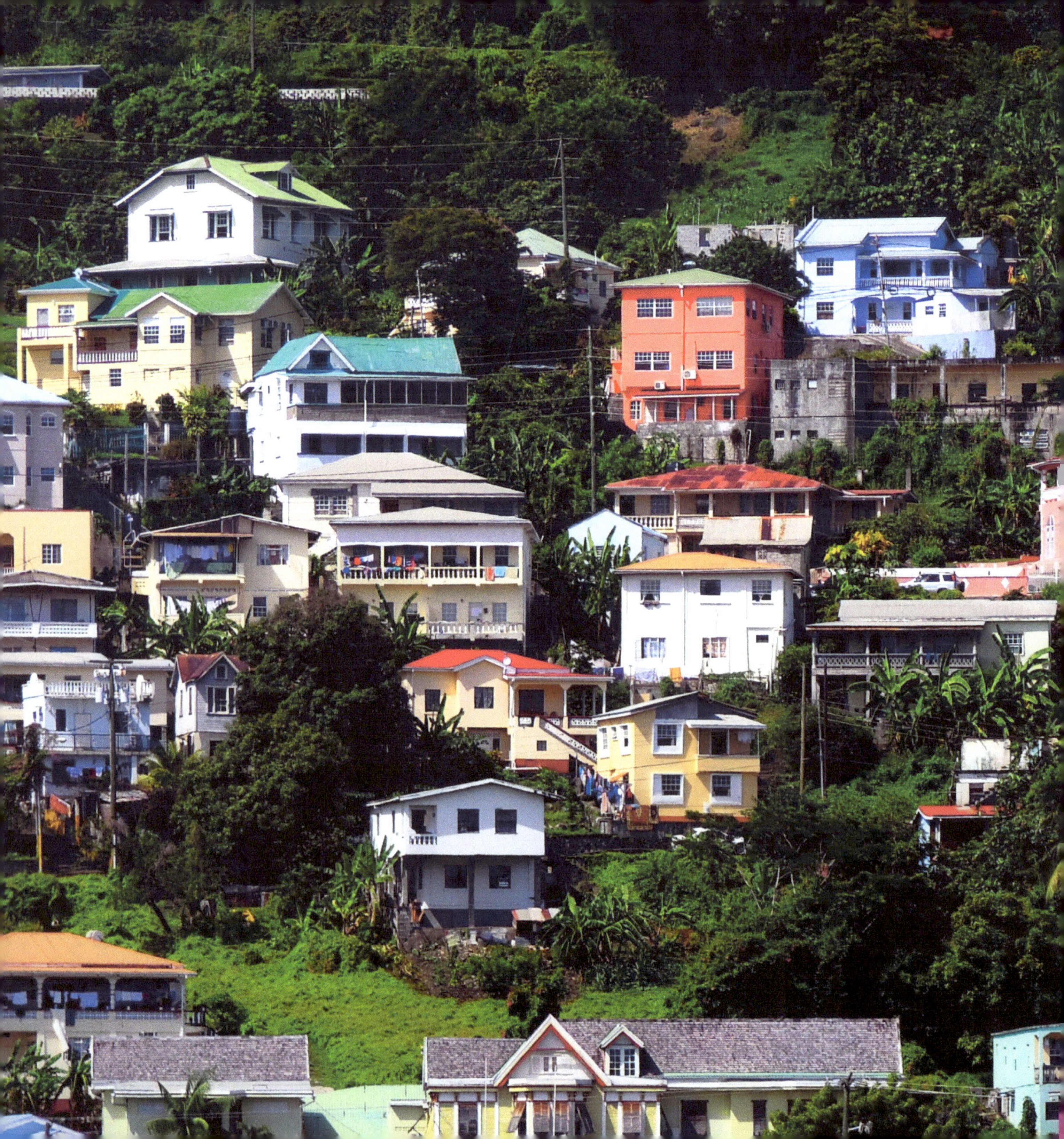

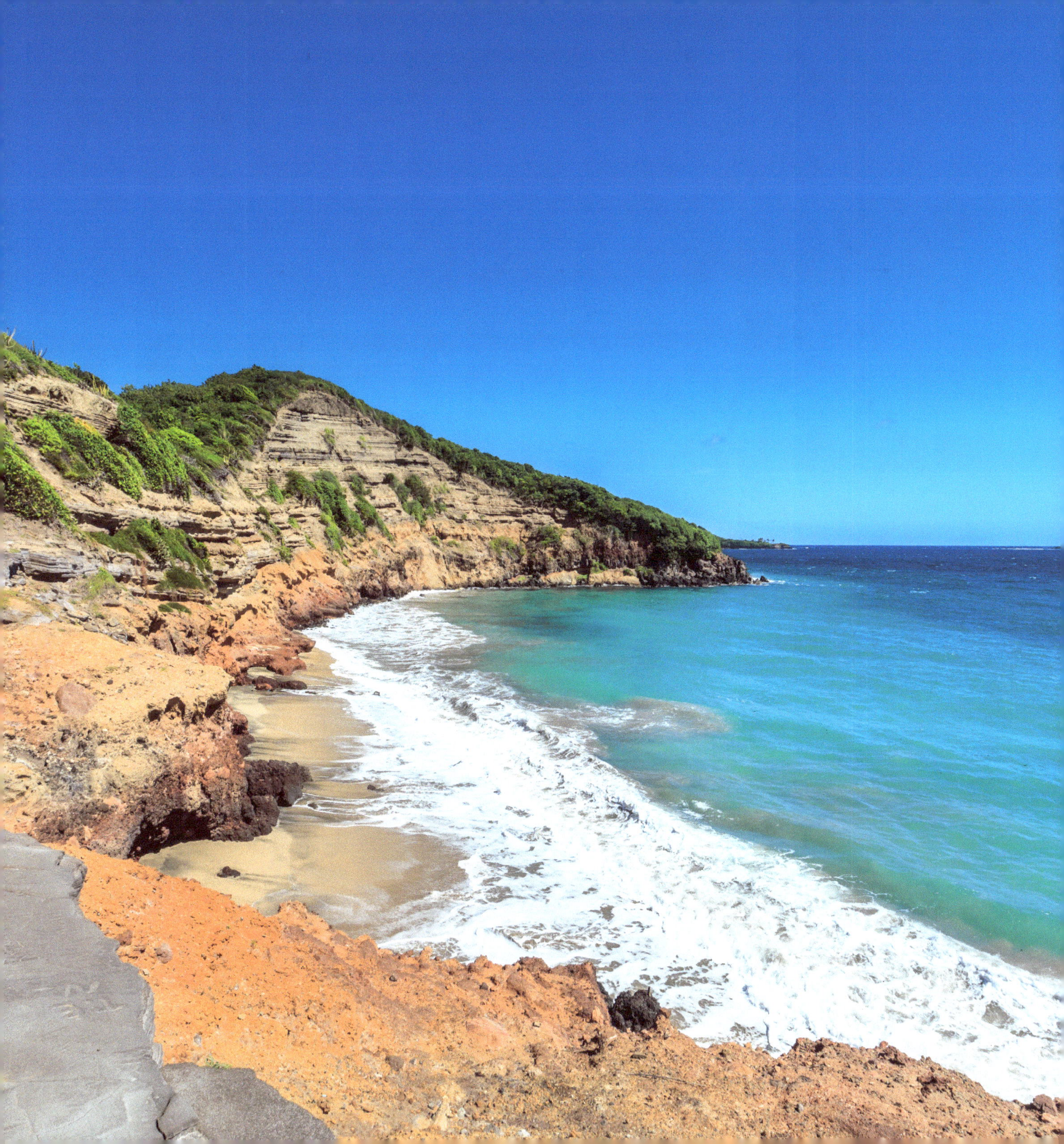

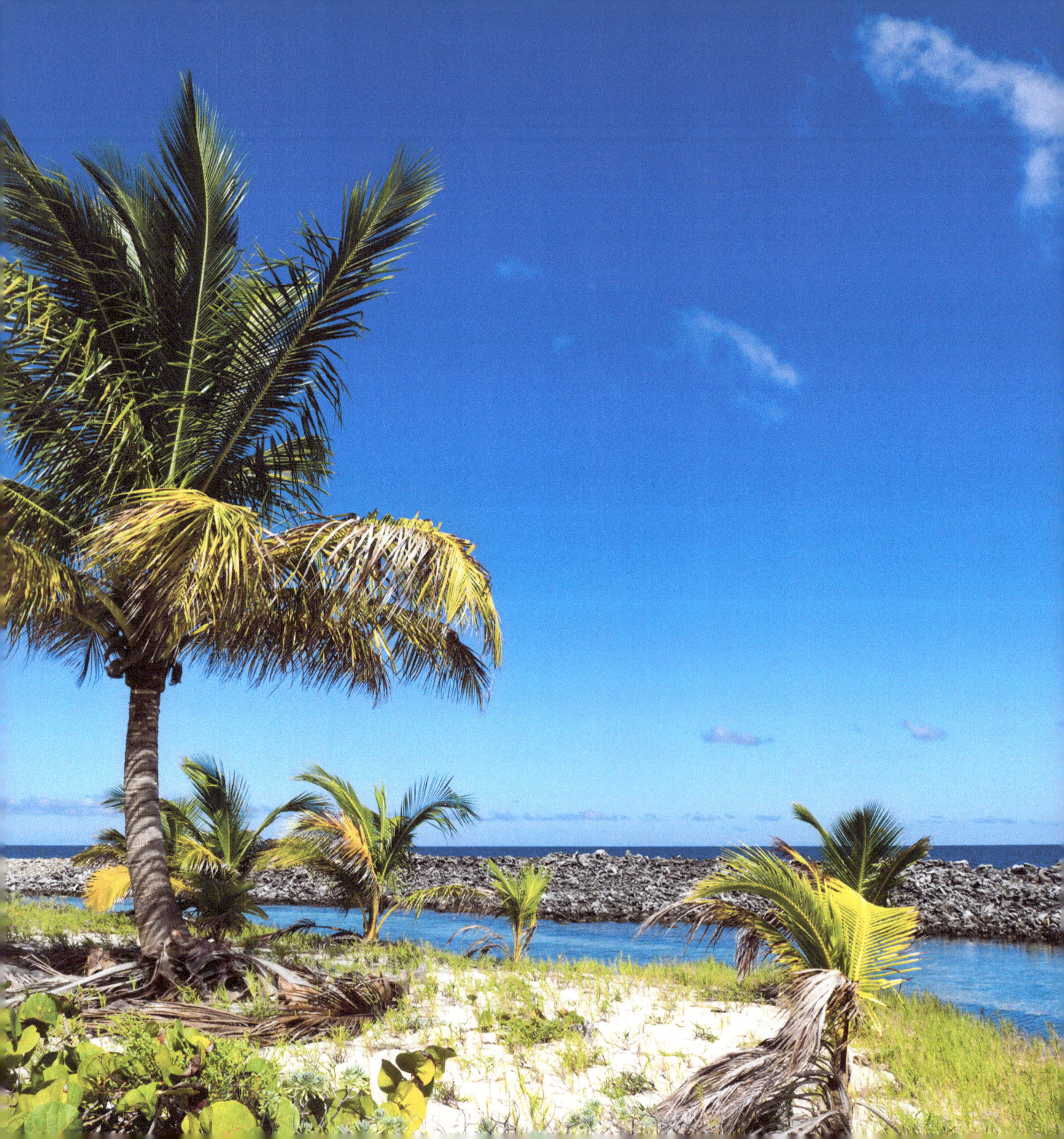

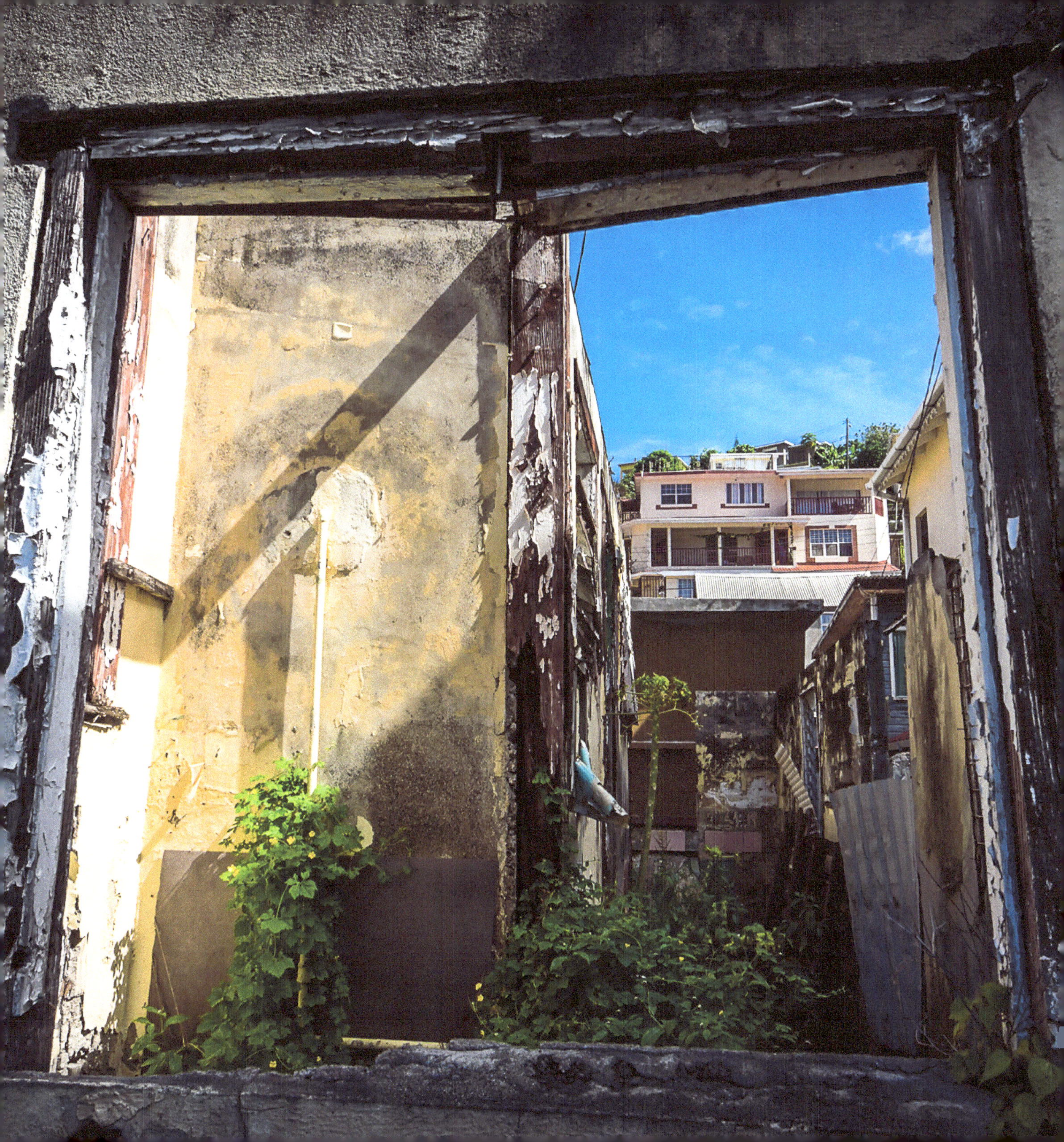

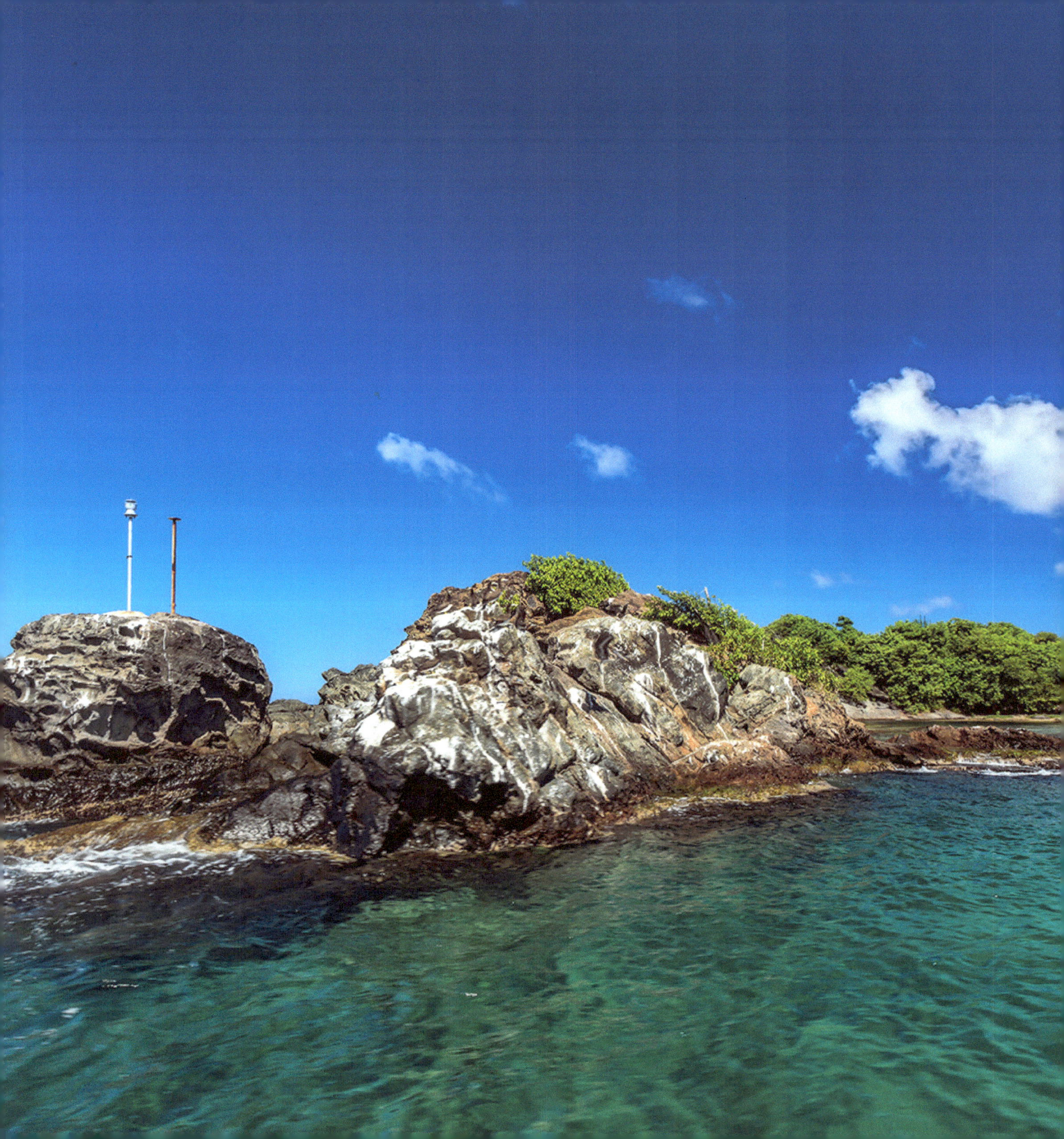

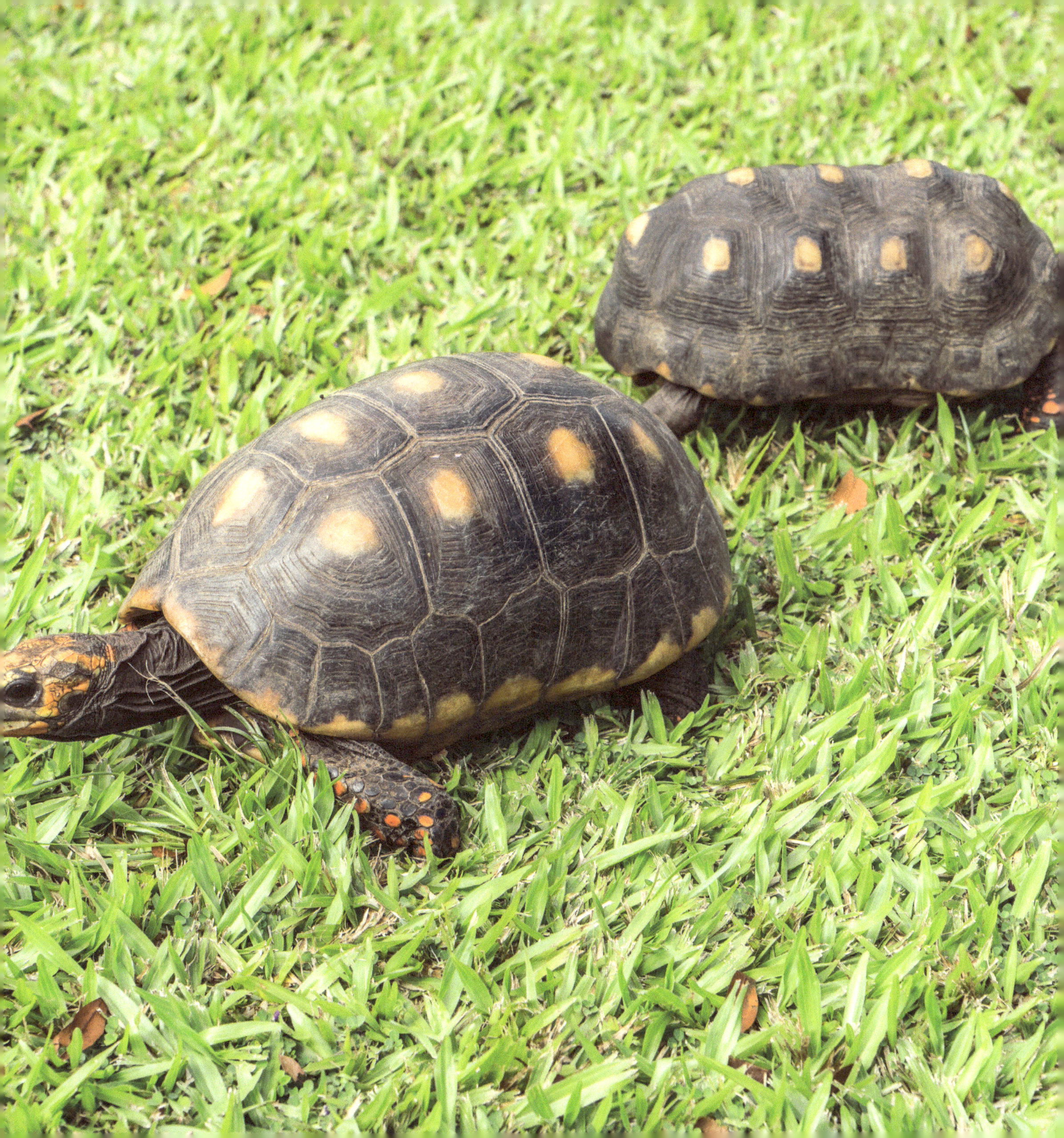

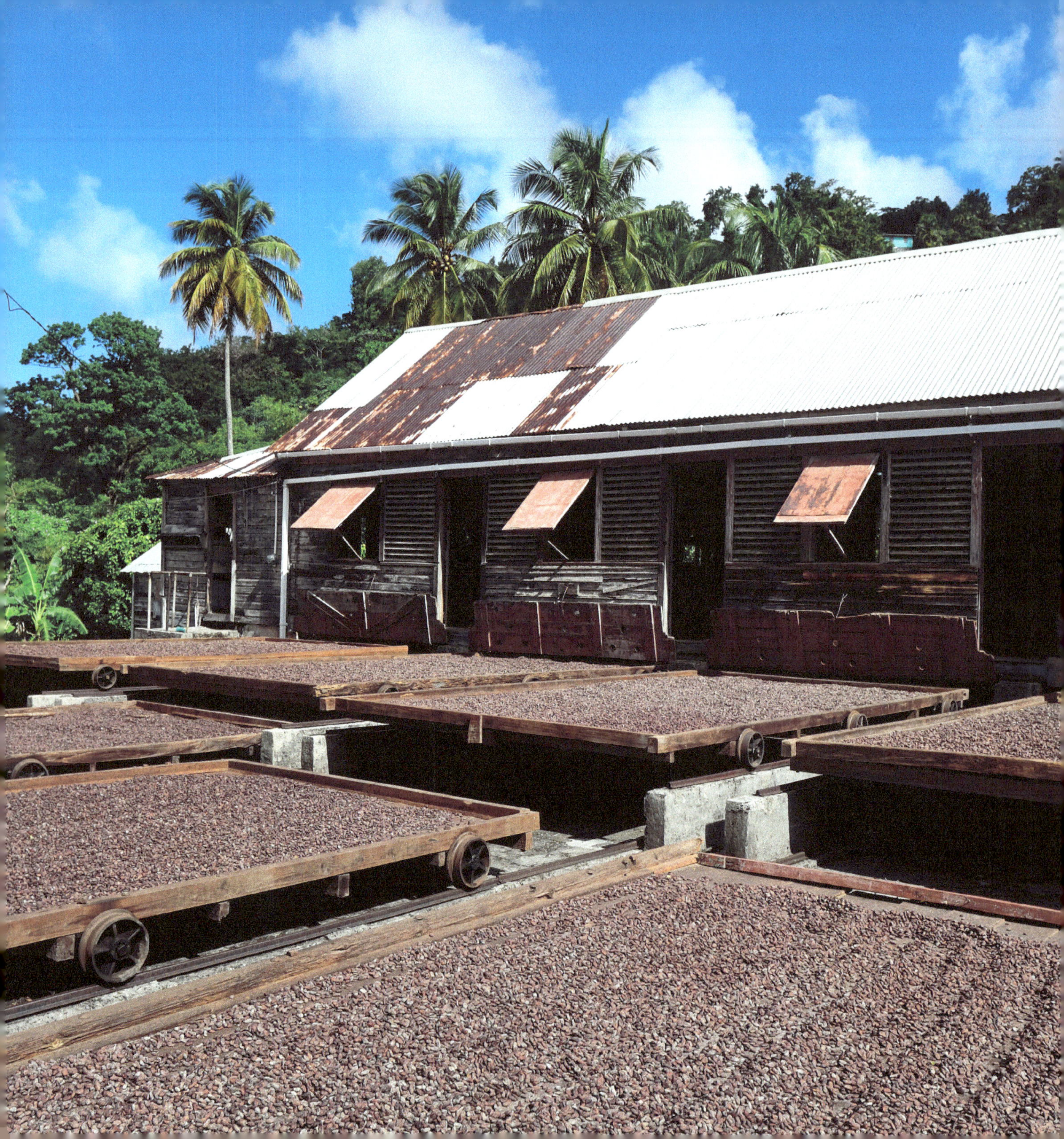

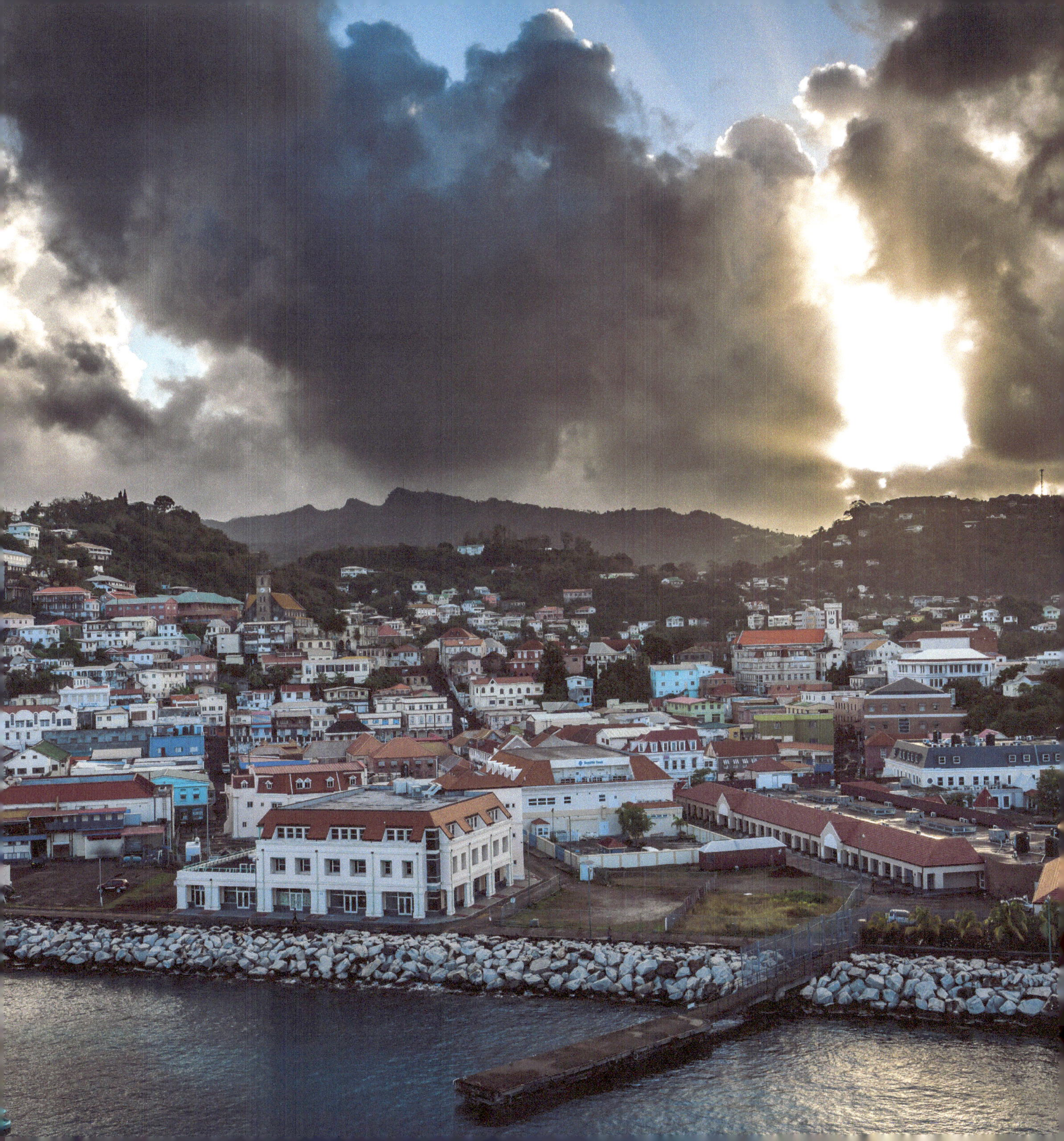

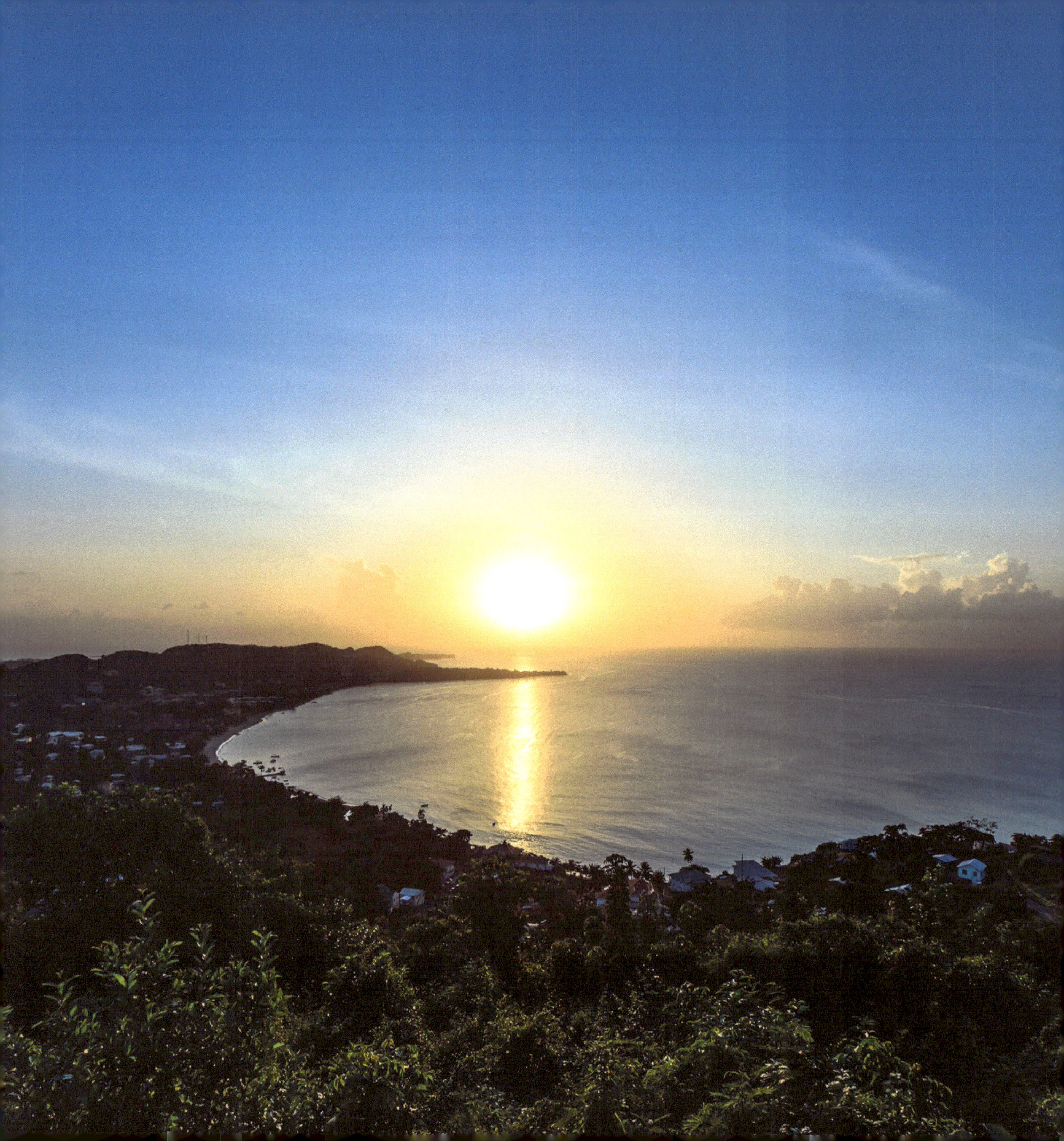

www.ingramcontent.com/pod-product-compliance
Lightning Source LLC
Chambersburg PA
CBHW040417220526
45473CB00004B/1269
* 9 7 9 8 4 1 9 4 2 2 2 4 7 *